中学受験

書けば解ける！
直感の理科

齊藤やよい

もくじ

1 悩み解決！ 使える解法

2 理解の深さを問う問題

3 手がかりが見つけにくい問題〜天体〜

はじめに ～中学受験の理科とは～

かなり長い期間「中学受験の理科」の指導をしてきました。

生徒を見ていると理解は深いのに問題が解けない子、理科は知識科目だと思って理解しないまま丸飲みにして覚えようとする子、話を聞かずに自己流で解こうとする子…さまざまです。

授業をしていると「そうか、これができないからできないのか」という発見があります。小学生は大人が想像する以外のところでつまずいていることも多いです。目の前の生徒がテストで解けるようになるための対応策を考え、実践してきました。

本書ではその中から、特に効果的かつ文や図で伝わりやすいものを選んで紹介しています。

一般的なテキストに詳しく載っているものはあまり載せていません。一般的なテキストでは省略されがちなポイントや手順、かき込みのしかた、一人で解くための着眼点を詳しく扱っています。

レベルは標準～応用です。きちんと勉強してきたけれど、苦手単元がいくつかあったり、応用問題ができない…といった方に向けての本になっています。多くの中学受験生が**苦手にしている単元の差のつくポイントを集めた**、といえば分かりやすいかもしれません。

小学生が読んでも読めると思いますが、基本的には保護者の方と一緒に読んでもらうことを想定しています。

小学生が一人で問題を解けるようになるために何をすればよいか？ がいちばんのテーマです。

理科の指導をする講師の方にも役立つと思います。

少し具体的に説明します。

中学受験理科で差のつく問題は大きく分けて4つあります。

1. 解くのが難しい問題
2. 理解の浅さを突かれる問題

3.　手がかりが見つけにくい問題
4.　読解が難しい問題

本書では、このうちの1〜3を扱っています。

1.　解くのが難しい問題…題意は分かる／使うべき数値も見えている。しかし何をすればよいのか分からない！　…という一般的にイメージしやすい難しさです。こういった問題に対応するため本書では、一般的なテキストに載っていないオリジナルの解法や、かき込みのしかた、省略されがちな手順を扱っています。
ふだんは生徒とコミュニケーションをとりながら説明していますので、理解しているところは省略し、あやしそうなところは丁寧に進めています。本の場合はそれができませんので、ステップを多くとり、なるべく多くのポイントをカバーできるようにしています。冗長に感じる部分は流してください。自画自賛になりますが浮力は特に自信作です。私の生徒はみんな浮力が得意です。

2.　理解の浅さを突かれる問題…理科ならではの問題です。入試問題を見ると中学校の先生方が「本当に分かっている子を取りたい」「理解の浅い子をはじきたい」という意図を持って出題されているのを感じます。小学生にとっては「ひっかけ問題」に感じられるかもしれません。
本書では、典型的なパターンを扱うとともに「どこに注目するのか」にポイントを置いて解説しています。

3.　手がかりが見つけにくい問題…与えられている情報のどこを使うのかが分かりにくいというタイプの難しさです。こんな情報からどうやって答えが出るの？　というもの。天体に多いため、丸ごと「天体」でこのテーマを扱っています。分かってくると推理のような楽しさがあります。情報の意味と使い方を解説しているので役立ててください。

1　悩み解決！　使える解法

1-1　浮力

浮力の何が難しいか

中学受験生に理科の苦手単元は？　という問いをしたら、必ず上位に来る浮力。
何が難しいのでしょうか？　私が感じているのは 2 点です。

1 つめ　アルキメデスの原理が難しい！

「物体が押しのけた体積分の液体の重さが浮力になる」…表現も含めて難しいで
す。ただ、かみ砕いて説明すれば大抵の生徒は「まぁ、そうなのかな…」と納得
してくれます。

かみ砕き方はこんな感じです。

　　100㎤の物体が入ってくると、100㎤の水くんたちが押しのけられる

　　　↓

　　100㎤の水くんたちが「ここは僕たちの場所だ！」と言って入ってきた物体を
　　追い出そうと上向きに押す！　これが浮力だ

　　　↓

　　出せる力は 100㎤分の水の重さ、水の重さは 1㎤あたり 1 ｇだから、100 ｇだ
　　ね

一応納得したとしましょう。次の難関

2 つめ　一人で組み立てるのが難しい

説明されれば、ああそうか…と納得はするけれども、浮力と重さがつりあってい
ることや浮力から水中の体積が求められることに気づくのが難しい！　という生

徒をたくさん見てきました。

そこで編み出したのが次からの解法です。

オリジナル！　徹底的に見える化のかき込み法

アルキメデスの原理を確認します。

「浮力＝物体が押しのけた体積分の液体の重さ」は以下のように書き換えられます。

浮力＝液体中に入っている体積×液体の密度（液体 1㎤の重さ）

これと物体にはたらく力を図にかき込みます。

大事なことは

上向きの力＝下向きの力

これだけです。

浮力の代表的な問題を下に示します。

[問題 1] ばおふ！

100 g 、20㎤のおもりをばねはかりにつるして水に入れるとばねはかりは何 g を示しますか。

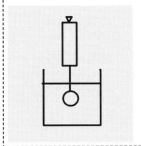

[解説]

次のような「型」をかき込みます。

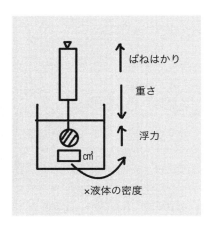

この物体にはたらく力は　ばねはかりが引く力（上向き）、おもりの重さ（下向き）、浮力（上向き）なので矢印をかきます。

浮力は□cm³（＝液体中に入っている体積）×液体の密度なので、図のように表します。

型をかいたら、分かっている値をかき込んでいきます。

　　分かっている値　重さ 100 g

　　　　　　　　　水中の体積 20cm³

また、水なので液体の密度は 1 です。

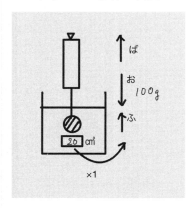

浮力が求まります。

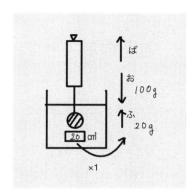

ここで、**上向きの力＝下向きの力**　に注目します。

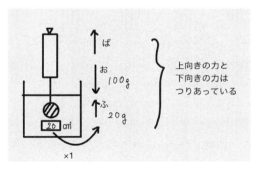

ばねはかりの値が分かります。

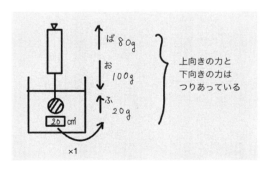

ばねはかり＋ 20 g ＝ 100 g

よって　ばねはかりの値は 80 g になります。

［解答］80 g

ポイントは上向きの力＝下向きの力です。

ここが糸口であったり、ゴールに行ける最後のポイントだったりすることが多い
のですが、頭の中だけで考えると思いつきにくいのです。

よって見える化！

本来、力の矢印は作用点からかくべきですが**体積：㎤と力（重さ）：gを分けるた
め、矢印を外に**かいています。

橋渡しをしているのは液体の密度。

液体中の体積と浮力について、いったん納得しても一人で考えると混乱する、と
いうのはよくあることです。

それを外側から埋めて、だんだん理解が深まってくれればいいと思っています。

利用のしかたとしては、**はじめに矢印や□㎤等の［型］をかいてしまい、分かっ
ているところを埋めていく**と、使いやすいはずです。

分かっている値を入れて、つりあっているところを探すと「あれ？　答えが出て
いる…」という状況になります。

慣れないうちは

　　型をかく→分かっている値を入れる→求まった値を入れていく→全部出た→問
　　題を読んで問われている箇所を答える

という方法をとってみてください。

問題の流れに乗って考えていければよいのですが、それができずに迷いこむ子が
あまりに多いので編み出した方法です。

さらに上を目指す場合は、答えを出した後、問題の流れに沿って確認していくと
理解が深まるはずです。

ばねはかり、浮力などという言葉を実際に解くときにかくのは時間のロスですの
で、［ば］［お］［ふ］とかいています。

**出した値や求める値が何の値なのか分からなくなるのを防ぐために、［ば］［お］
［ふ］はかいておくのがポイント**です。

[問題2] おふ！

100㎤の物体を水に入れると $\frac{4}{5}$ が水中に入った状態で浮きました。

この物体の重さは何gですか。

[解説]

型をかきます。今回はばねはかりがありません。

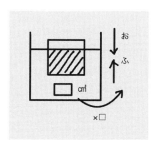

分かっている値を入れていきましょう！

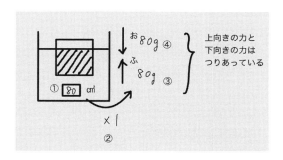

① まず、水中の体積を求めます。

$$100 \times \frac{4}{5} = 80㎤$$

② 水なので液体の密度は1

③ 浮力が求まります。

$$80 \times 1 = 80 \text{ g}$$

④ 浮いているときは上向きの力と下向きの力がひとつずつしかありません。重さと浮力がつりあうことになります。

重さは 80 g

［解答］80 g

［問題3］おふ2！

100 g の物体が $\dfrac{4}{5}$ 水中に入って浮いています。この物体の体積は何㎤ですか。

［解説］

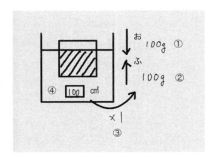

同じく分かっている値を入れていくのみです！

① 今回は物体の重さが分かっています。100 g ですね。

② 上向きの力＝下向きの力で浮力が求まります。浮力も 100 g

③ 液体の密度は 1

④ 100 ÷ 1 ＝ 100　で水中の体積が求まります。100㎤

⑤ 100㎤が $\dfrac{4}{5}$ なのでこの物体の体積は

$$100 \div \frac{4}{5} = 125㎤$$

［解答］ 125㎤

この問題で $100 \times \dfrac{4}{5} = 80$ g　という計算をしてしまう場合は体積と重さの理解

が浅い可能性が高いです。

「$\frac{4}{5}$が水中にある」は**体積の$\frac{4}{5}$が水中に入っている**、という意味です。

物体の重さは変わらない、ということも大きなポイントです。

使いこなす ～実戦演習～

　さて、**このくらいならこんなのかかなくてもできるよ！** という受験生！

実はそんな子にこそ有効な方法だったりするのです。

応用に入ります！

液体の密度を変えたり、上から押す問題を考えてみましょう。

[問題4] 水以外＆ておふ！

125㎤の物体を密度0.8 g /㎤のアルコールに入れると$\frac{4}{5}$が液体中に入って浮きました。

(1) この物体の重さは何 g ですか。

(2) また、この物体全体を密度1.2 g /㎤の食塩水に沈めるには上から何 g の力で押せばよいですか。

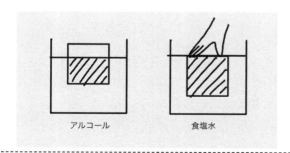

アルコール　　　　食塩水

［解説］

型をかきましょう。

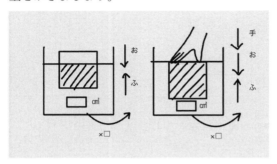

分かっている値を入れていきます。

今まで×１だけだった液体の密度の欄が生きてきます。

(1) アルコールに入れると

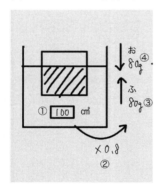

① 液体中の体積は $125 \times \dfrac{4}{5} = 100 cm^3$

② ③ 液体の密度が0.8なので　$100 \times 0.8 = 80 g$ と浮力が出て

④ 上向きの力＝下向きの力で物体の重さが出ます。　80 g

（2）次に食塩水に入れると

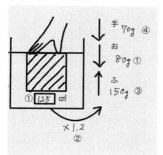

① 全体を沈めているので液体中の体積は 125㎤、また（1）から物体の重さが 80 g と出ています。

② ③ 食塩水の密度をかけて

125 × 1.2 ＝ 150 g　浮力は 150 g

④ 上向きの力＝下向きの力を考えると

物体の重さ 80 g ＋手が押す力＝ 150 g

手が押す力 70 g

と求まりました。

［解答］　（1）80 g　（2）70 g

さらに応用！　ひもでつなぐ問題にも有効です！

［問題 5］つながっているタイプ　やや難

200㎤で 80 g の木片と 50㎤で 100 g のおもりをひもでつないで水中に入れた ところ図のように静止しました。

（1）ひもにかかる力は何 g ですか。

（2）木片の水面より上の部分の体積は何㎤ですか。

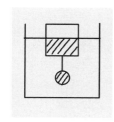

［解説］

ここで、**力のつりあいというのは、一つの物体について成り立っている**ことを確認します。

合体させた状態で考えても(2)の答えは出ますが、(1)は出ません。またこの問題に取り組む受験生は上位校志望と思われますので、上の木片にはたらく力と下のおもりにはたらく力を分けて考えられた方が後々のためによいと思います。

おもりについての力のつりあいを左に、木片についての力のつりあいを右にかきます。

ひもは、おもりに対しては上向きに、木片に対しては下向きに引っ張っています。

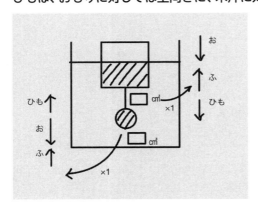

分かっている値を入れて

つりあいを考えていきましょう。

(1)

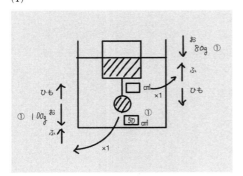

① 分かっている値（木片とおもりの重さ / 下のおもりの体積）をかき入れます。

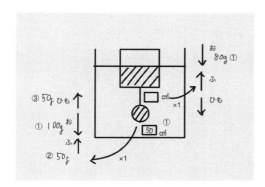

② おもりにはたらく浮力が求まります。50 × 1 = 50 g

③ 上向きの力＝下向きの力　でひもにかかる力が出ます。

　　浮力 50 g ＋ひも＝おもりの重さ 100 g

　　ひも＝ 50 g

(2)

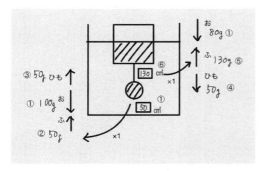

④ このひもは木片を下向きに引っ張っています。

⑤ 上向きの力＝下向きの力で浮力が出ます。

　　浮力 = 木片の重さ 80 g ＋ひも 50 g = 130 g

⑥ 水中の体積が求まります。

　　130 ÷ 1 = 130cm³

⑦ よって水面の上に出ている体積は

　　200 − 130 = 70cm³

[解答]　(1) 50 g　(2) 70cm³

台はかりにかかる力

台はかりにかかる力を求めたり、台はかりの値から浮力を求めたりする問題も多いですね。

台はかりにかかる力の考え方は2つあります。どちらかだけでも9割くらいの問題は解けるので、まずは使いやすい方をマスターしましょう！

[考え方1]

浮力分が下にかかる

物体が水に入ってくると浮力が生じます。これは水が物体を上に押す力です。すると水が物体に押し返されます。中学校で習う「作用反作用」です。この分の力（図なら20 g）が台はかりにかかります。

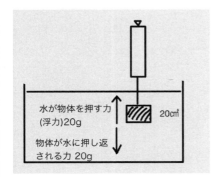

[問題6]

100 g のビーカーに 200 g の水が入っています。ここに体積20㎤、重さ150 g のおもりを図のようにばねはかりにつないで入れると台はかりは何 g を示しますか。

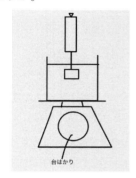

［解説］

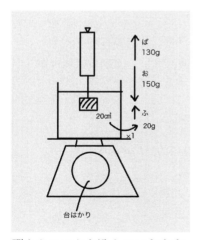

型をかいてかき込んでいきます。

おもりの重さ 150 g

水中の体積20㎤→浮力 20 g

上下の力のつりあいからばねはかり 130 g

台はかりにかかる力はビーカーの重さ＋水の重さに浮力分の力が加わります。
よって、100 ＋ 200 ＋ 20 ＝ 320 g　となります。
［解答］320 g

台はかりにかかる力＝ビーカー ＋ 水 ＋ 浮力分の力

※このときビーカーや水の重さの矢印を私は図にかき入れていません。理由は、水中の
　物体にかかる力と混同する可能性があるからです。矢印をかいているのは水中の物体
　にかかっている力だけです。今回は台はかりにかかっている力です。矢印をかき残し
　ておきたい場合は水中の物体の矢印とは離れた場所（左下など）にかくのがおススメ
　です。

［考え方2］
重さの合計からばねはかりが上に引いている分を引く
重さのあるもの全部からばねはかりが引いている力を引けば、台はかりにかかる
力が求められる、という考え方です。
先ほどの［問題6］なら、重さのあるものはビーカー、水、おもりです。
これらの重さの合計は 100 ＋ 200 ＋ 150 ＝ 450g です。ここからばねはかりが
引いている力を引くと　450 － 130 ＝ 320g　となります。
［解答］320g

台はかりにかかる力＝重さの合計－ばねはかりが引く力

どちらが考えやすいかは人によりますし、さらに問題にもよります。
次のような問題なら断然［考え方2］がラクでしょう。

[問題7]

100g のビーカーに 200g の水が入っています。ここに体積 20㎤、重さ 150 g のおもりを入れたところ、図のように沈みました。このとき台はかりの値は何 g になりますか。

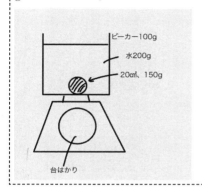

［解説］

［考え方2］重さの合計は

ビーカー 100 g ＋水 200 g ＋おもり 150 g ＝ 450 g

ばねはかりが上から引く力はないので、台はかりにかかる力は

450 － 0 ＝ 450 g となります。

［解答］450 g

これを［考え方1］で求めると、もうひとつ力を考える必要があります。

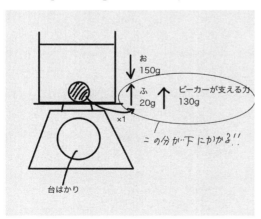

おもりにかかる力は重さと浮力がありますが、これでは上向きの力と下向きの力がつりあいません。おもりには、ビーカーが下から支える力が加わります。

この力も台はかりにかかるため

台はかりにかかる力は

ビーカー＋水＋浮力分の力＋ビーカーが支える力

100+200+20+130 ＝ 450g　となります。

［解答］450g

［考え方2］の方が絶対いい！　と思いましたか？　しかし次のような問題もあるのです。

［問題8］

水の入ったビーカーを台はかりに載せると 200 ｇを示しました。体積も重さも分からない物体をばねはかりにつないで水の中に入れると、台はかりは 240 ｇを示しました。この物体の体積を求めなさい。

［解説］

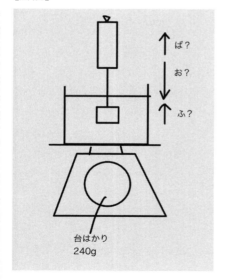

この場合、物体の重さもばねはかりの値も出ていないため［考え方2］では無理です。

［考え方1］から

台はかり＝ビーカー＋水＋浮力分の力＝240 g

ビーカーと水の重さの合計は200 gなので

浮力＝240－200＝40 g　　浮力40 g→体積40cm³と出すのがよいでしょう。

［解答］40cm³

1-2 滑車

鉄則

滑車の問題を解くときの鉄則を確認します。

滑車の両側のひもにかかる力は同じ です。

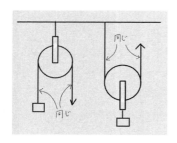

なぜなら、つながっている一本のひもだから！ 当たり前と思いましたか？ 当たり前なのですが問題が複雑になってくると迷ってしまう子も出てきます。滑車において絶対に正しい、頼りになるポイントはここだ！ ということを覚えておきましょう。

滑車の重さの混乱を解決！

滑車に重さがあると嫌だ、という子はいませんか？
次の［問題1］のようなタイプの問題なら解けるけれど、

[問題1]
図のように100gのおもりと1個20gの滑車がつながっています。おもりを持ち上げるには右側のひもを何gで引けばよいですか。

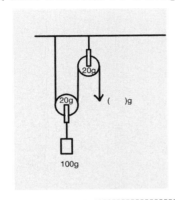

[問題2]のようなタイプになると苦戦、という生徒はたくさんいます。

[問題2]
図のように重さの分からないおもりを1個20gの滑車とつなぐと、右側のひもを引く力は100gになりました。おもりの重さは何gですか。

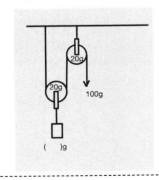

まず [問題1] タイプはどう解いているでしょうか？

［問題1　解説］

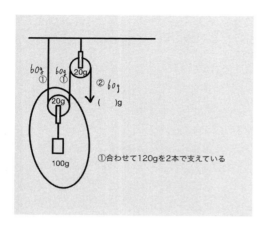

① おもり 100 g と滑車の重さ 20 g の合計 120 g を 2 本で支えているので
　　$120 \div 2 = 60$ g
② 滑車の両側のひもにかかる力は同じなので　60 g

［解答］60 g

次に ［問題2］ タイプは

［問題2　解説］

滑車の重さがなければおもりは 200 g。これはほとんどの生徒が解けます。
その後、滑車の重さの 20 g をどう処理すればよいか、迷いませんか？

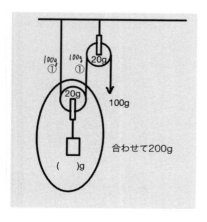

① まず滑車の両側のひもにかかる力は同じなので、①のひもはどちらも 100 g
② 滑車とおもりの重さの合計が 200 g なので

    $200 - 20 = 180$ g

［解答］180 g

となりますが、ここが考えにくいようです。

そこで、力を矢印で表してみましょう。

ひとつの物体にはたらく上向きの力と下向きの力はつりあっています。

この矢印をかくときにいちばん大事なことは何でしょうか？

どの物体にかかっている力なのかはっきりさせることです。

力のつりあいは、ひとつの物体について成り立っています。

ここを意識しないで解くとはっきり分かりません。

次ページの図を見てください。

今回意識すべきは左下の滑車です。

この滑車にかかっている力を考えます。

上に引っ張っているひもが 2 本…上向き

滑車の重さ（滑車にかかる重力）…下向き

おもり…下向き

このつりあいを考えればOK！

200 g $= 20$ g $+ \square$ g

おもりの重さ $\square$ g $= 200 - 20 = 180$ g です。

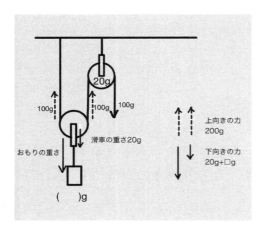

右上の滑車の重さの処理で悩む子もいます。

はじめに確認した滑車の両側のひもにかかる力は絶対に同じ！　の鉄則から、右端のひもにかかる力は 100 g → 真ん中のひもにかかる力も 100 g …なのですが、右上の滑車に重さがあるから悩む、というもの。

滑車の重さは天井につながる上のひもが支えているのですが、ここが分かりにくいようなので図で表してみます。

今度は右上の滑車にかかっている力だけを考えます。

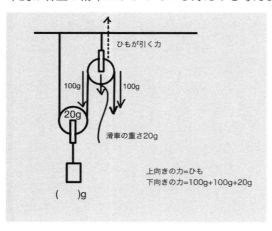

滑車を下向きに引く力は、両側のひもと滑車の重さです。

下向き＝ 100 ＋ 100 ＋ 20 ＝ 220 g

上向きの力はひもが上向きに引く力だけなので、この力は 220 g

天井にかかる力も 220 g　となっています。

滑車の重さは天井にかかっているので、両側のひもには関係ありません。

複雑な滑車〜何本で支えている？〜

力のつりあいの考え方は下のような問題にも使えます。

何本のひもで支えているのか、迷ったことありませんか？

[問題 3]

下の図のような①、②の滑車で 120 g のおもりを支えています。ひもを引く
力は何 g になりますか。ただし滑車の重さは考えないものとします。

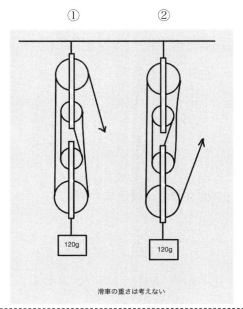

[解説]

ここでのポイントは**おもりにつながっている滑車に注目**することです。

おもりにつながっている下の滑車（斜線）にかかる力を考えていきます。

①   ②

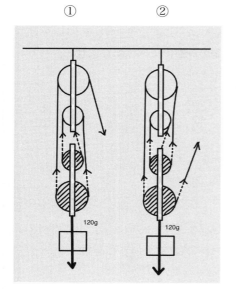

①では滑車にかかっているひもの数は４本。この４本のひもが上向きに引いています。

下向きの力はおもりの重さ 120 g です。

上向きの力＝ひも４本

下向きの力＝ 120 g

上向きの力＝下向きの力　なので、ひも１本にかかる力は

120 ÷ 4 ＝ 30 g

最後に上の滑車の両側にかかる力は同じ、と考えて

ひもを引く力は 30 g

［解答］30 g

②では滑車にかかっているひもは５本なので

上向きの力＝ひも５本

下向きの力＝ 120 g

ひも１本にかかる力は

$120 \div 5 = 24$ g

［解答］24 g

ついでに、天井にかかる力を考えておきましょう。

天井につながっている上の滑車（斜線）にかかる力を考えれば OK です。

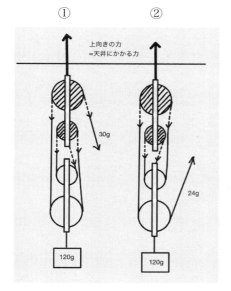

①では

上向きの力＝天井にかかる力

下向きの力＝ひも5本　なので

天井にかかる力はひも5本分です

　　$30 \times 5 = \underline{150 \text{ g}}$

②の場合

上向きの力＝天井にかかる力

下向きの力＝ひも4本

よって、天井にかかる力はひも4本分

　　$24 \times 4 = \underline{96 \text{ g}}$

となります。

また、天井にかかる力を求める際には別解もあります。

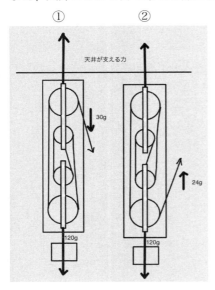

滑車全体をひとかたまりと考えて

①おもり120gと右端のひもは下向きに引っ張っている、それを天井が支えて
　いる

と考えます。

よって、天井にかかる力は

　120+30 ＝ 150 g

②の場合

上向きの力は天井につながるひもと右下から上に引いているひもの２つ、下向
きはおもりのみなので、120gのおもりを天井と右下のひもで支えている、と考
えられます。

右下のひもにかかっている力は24gなので

天井にかかる力は

　120 − 24 ＝ 96 g

となります。

いずれの考え方も、**力がはたらく物体をはっきりさせる**ことがポイントです。

ひもを引く距離

滑車のひもを引く距離は、まずは感覚的に理解した方がよいでしょう。

[問題4]

おもりAを10cm引き上げるにはB点を何cm上に引けばよいでしょうか。

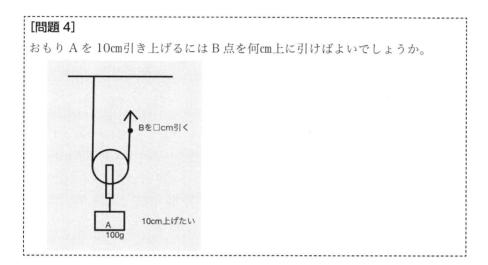

[解説]

Aを10cm上げるために、BとC両方を10cm上げなくてはいけません。

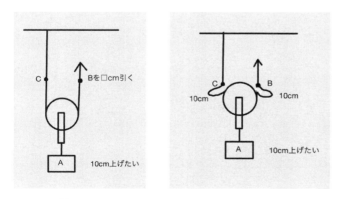

しかし引っ張れるのはBだけですから、Bを20cm引けばよいことになります。

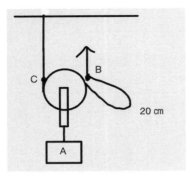

［解答］　20cm

さて、このくらいのシンプルな滑車ならこれでよいのですが、複雑になってきた場合は仕事の原理を使うのが一般的です。といっても「距離×力＝仕事」を求める必要はありません。**ひもを引く距離と重さは反比例する（逆比になる）**でよいでしょう。**重さが軽くなると距離が長くなる**…結局ラクはできない、という理科にしては教訓めいた原理です。

先ほどの問題なら

［問題4］

おもりAを10cm引き上げるにはB点を何cm上に引けばよいでしょうか。

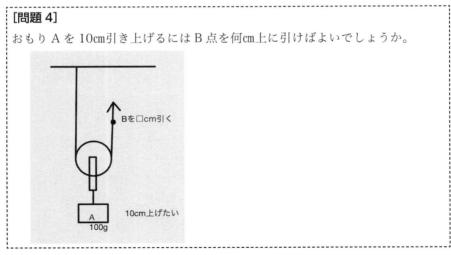

［解説］

100gを2本で支えているのでBを引く力は50gになります。

重さがA：B＝2：1なので、ひもを引く距離は1：2になります。

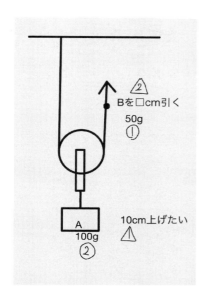

よって B を引く距離は $10 \times 2 = 20$cm　となります。

[解答]　20cm

ただ、この解き方には注意しなければいけないポイントがあります。**滑車の重さが入っていると使えない**のです。

先ほどの問題で滑車の重さを 20 g として考えてみます。

$100 + 20 = 120$ g　を 2 本で支えているため、B を引く力は 60 g になります。

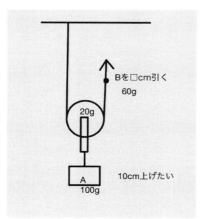

するとＡとＢの重さの比はＡ：Ｂ＝５：３になってしまいます。

Ｂを引く距離は20cmにならなくてはいけないのでこれは使えません。**滑車の重さがある場合には滑車の重さなしの値を求めてから逆比にしなければいけません。**

面倒…と思いましたか？　実際に使ってみましょう。

[問題5]

下の図でおもりＡが40ｇのときＢ点を何ｇで引けばよいですか。また、Ａを60cm持ち上げるにはＢ点を何cm引けばよいですか。ただし滑車の重さは１個20ｇとします。

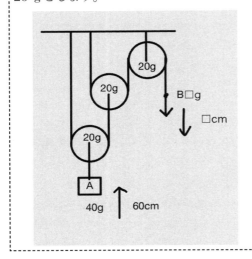

[解説]

まず、右図のＣ点にかかる力は（40＋20）÷2＝30ｇ

Ｄ点にかかる力は　（30＋20）÷2＝25ｇ

Ｂ点にかかる力はＤ点と等しいので25ｇ

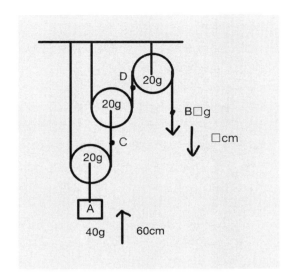

ひもを引く距離を出すための解法は2つあります。

[解法1]　まず、滑車の重さなしだったらBにかかる力が何gになるか求めます。

　40÷2÷2＝10 g

重さの比を出します。A：B＝40：10＝4：1

距離の比は逆比になります。1：4＝60：□

　□＝240cm　と求まりました。

[解法2]　もう一つは、いちばん初めに挙げた解法です。

Aを60cm持ち上げるためにはCを120cm持ち上げればよい。

→Cを120cm持ち上げるためにはDを240cm持ち上げればよい。

→Bを240cm引けばよい。

[解答] 25 g　　240cm

解法1…滑車の重さなしの値を求めるのは大した手間ではありません。解き方を決めておきたい受験生はこっちがよいでしょう。

解法2…この解き方をするなら重さと距離が逆比なんて知らなくてもよいのでは？　と思うかもしれませんが「重さと逆比」は知っておくと役に立ちます。この問題なら迷わないかもしれませんが、ひもを引く距離を÷**2すればよいか**

×２すればよいか迷ったことはありませんか？ そのとき、ひもを引く力
の方がおもりの重さより力が小さいので距離は２倍！ ×２だ！ と判断できるの
です。「軽い方が距離が大きい」を判断材料にする使い方です。

輪軸は別モノ！

滑車と輪軸は同じ回で扱われることが多いですが、内容は全く別です。ひもを引
く力も、ひもを引く距離も全く別の考え方で求めますので、混同しないようにし
ましょう。

輪軸は「円盤形のてこ」です。

てこですから

回転力（モーメント）＝支点からの距離×重さ　のつりあいで考

えます。

簡単な例を示しておきます。

[問題 6]

次の図でばねはかりにかかる重さを求めなさい。

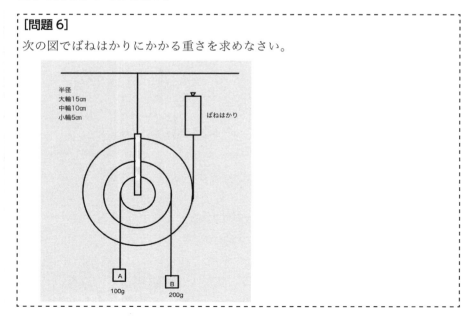

半径
大輪15cm
中輪10cm
小輪5cm

ばねはかり

A
100g

B
200g

［解説］

輪軸は中心が固定されていて円盤が回るようになっているので、真ん中が支点です。

支点を中心に　おもりBは右まわりに、おもりAとばねはかりは左まわりに輪軸を回転させようとしています。

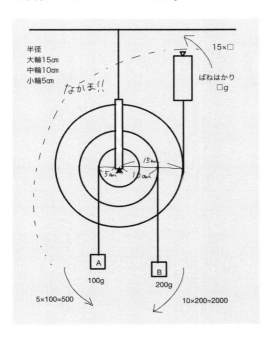

$15 \times \square + 5 \times 100 = 10 \times 200$

$(2000 - 500) \div 15 = 100$ g

［解答］100 g

ひもを引く距離は、**相似**または「**半径の比そのまま**」（逆比ではない）で求めます。

半径の大きいところにかかっているひもほど大きく動く、と単純に考えればOKです。

[問題7]

次の図でばねはかりを30cm上に引くとおもりA・Bはそれぞれ何cm（上がり /
下がり）ますか。

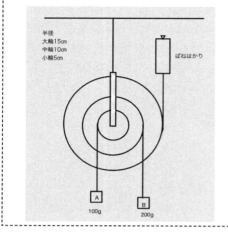

[解説]

ばねはかりを30cm引いたので大輪は左回りに30cm回転します。小輪も同じよう
に左回りに回転するので

15：5 ＝ 3：1 ＝ 30：□　　□＝ 10cm　　　Aは 10cm下がります。

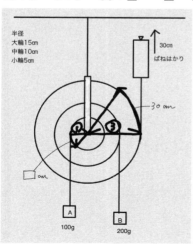

同様にBも　15：10 ＝ 3：2 ＝ 30：□　　□ ＝ 20cm　　20cm上がります。

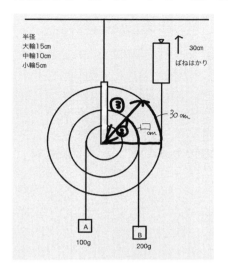

［解答］A 10cm下がる　B 20cm上がる

$\boxed{\text{1-3}}$ てこ

回転で考える

てこは中学入試において、最重要・最頻出ともいえる単元です。解法も出尽くした感がありますので、ここでは差のつくポイントだけを扱います。

まず、**てこは支点を中心とした回転のつりあい**であることを確認しておきます。

この、回転のつりあいをしっかり理解することが大切です。

支点はどこでもよいのですが、自分で決める場合と決められている場合があります。

いちばんシンプルな中央に支点があるパターンはほとんどの受験生が問題ないと思いますので、端に支点がある場合から考えます。

［問題1］　支点が端にあるパターン

次の図でばねはかりにかかる力を求めなさい。ただし、おもり以外の重さは考えないものとします。

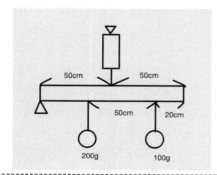

［解説］

支点を固定して、時計回りに棒を回転させようとするはたらきと反時計回りに棒を回転させようとするはたらきを考えます。

おもりの重さ（力）が大きいほど、また支点からの距離が大きいほど回転させるはたらきが大きくなるので

支点からの距離×おもりの重さ＝回転させるはたらき（モーメント） となり、これのつりあいを考えます。

ばねはかりは棒を上に引いているので、支点を固定してばねはかりがこの棒を上に引くと棒が反時計回りに回転します。

おもりは棒を下に引いているので棒を時計回りに回転させようとしています。

このつりあいです。

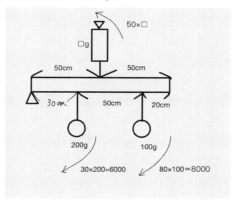

$50 \times \square = 30 \times 200 + 80 \times 100$

$\square = (6000 + 8000) \div 50 = 280$ g

［解答］280 g

ここで、100 g にかける数は 50cm や 20cm ではなく 80cm です。**支点からの距離**をかけることに注意しましょう。

重要なのは**支点を固定し、支点を中心とした回転を考える**ことです。

回転の矢印がかけるよう、しっかり練習しましょう！

［問題 2］仲間が遠くにいるパターン

次の図で□の長さを求めなさい。ただし、おもり以外の重さは考えないものとします。

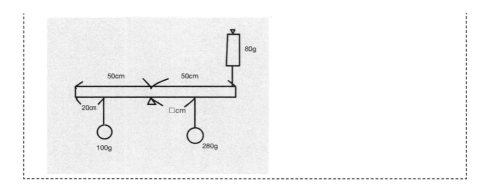

［解説］

支点を固定して、ばねはかりと２つのおもりが棒をどう回転させようとしているのか、矢印をかいてみましょう。

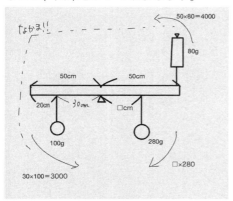

ばねはかりと左のおもりは反時計回り、右のおもりは時計回りに回転させようとしていることが分かります。

よってつりあいは

$50 \times 80 + 30 \times 100 = \square \times 280$

$\square = (4000 + 3000) \div 280 = 25\text{cm}$

［解答］25cm

遠くにいる仲間を探せるかがポイントになります。

上下の力のつりあい

ここで［問題 1］・［問題 2］で支点にかかる力を問われた場合を確認しておきます。
この場合は回転ではなく、単純に棒にかかる上下の力のつりあいを考えます。
［問題 1 解説］
ばねはかりと支点が棒を上向きに支え、おもりは棒を下向きに引いています。

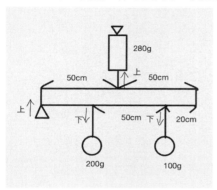

上：支点＋ 280 g　　下：200 g ＋ 100 g
よって、支点にかかる力は　300 － 280 ＝ 20 g
［解答］20 g

［問題 2 解説］
支点とばねはかりが上向き、おもり 2 つが下向きです。

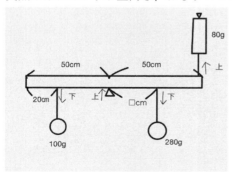

支点＋ 80 g ＝ 100 g ＋ 280 g
よって支点にかかる力は　380 － 80 ＝ 300 g
［解答］300 g

棒の重さを考える

棒の重さも考えるてこは、中堅以上の中学校では定番です。

一見難しそうですが、そうでもありません。**棒の重さをおもりにして重心に下げる**。これだけです。「おもりを1つ自分でかき加えるてこ」ともいえます。太さが一様な棒なら重心は真ん中です。

ここで、てこの解き方をまとめておきます。

① 棒の重さがあるときはおもりにして重心に下げる

　　※距離もかき込んでおく

② 支点を決める

　　※基本はばねはかりやひもの下→うまくいかないときは変える（端、おもりの下がっ
　　　ているところなど）

　　※必ず△マークをかいて、はっきりさせておく

③ 矢印をかいて回転のつりあいを考える

　　※支点からの距離×おもりの重さ

　　※支点は回転しない！

④ 上下の力のつりあいを考える

[問題3]

太さが一様な100cm 200 gの棒に、図のように重さの分からないおもりとばねはかりAとBをつないだところ、ばねはかりBは120 gを示しました。おもりの重さとばねはかりAの示す値を求めなさい。

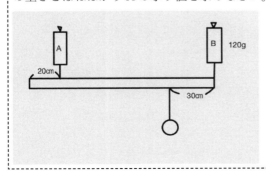

［解説］

① まず、棒の重さをおもりにして重心に下げます。このとき距離もかき込んで
おきましょう。使わないかもしれなくても、かいておくことがポイントです。
分かっている情報は目で見えるようにしておくのです。

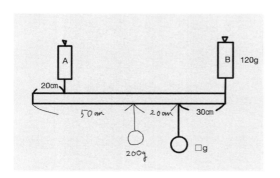

② ③ 次に、支点を決めて回転のつりあいを考えます。支点はどこでもよいので
すが、基本はばねはかりの下です。今回はばねはかりが２つあります。
A を支点にすると…

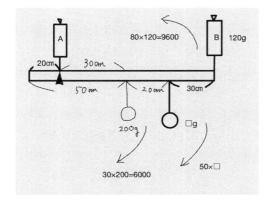

$80 \times 120 = 30 \times 200 + 50 \times \square$

$\square = (9600 - 6000) \div 50 = 72$ g

このように上手くいくのですが、Bを支点にすると

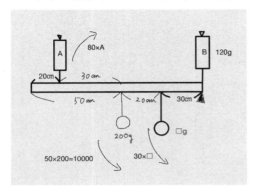

$$80 \times A = 50 \times 200 + 30 \times \square$$

分からない値が2か所出てしまい、先に進まなくなります。そうなったら支点を変えましょう。値の分かっているBを支点にしてしまうとその値が使えなくなるので、値の分かっていないAを支点にした方がよいのですが、はじめのうちは解き方をあまり固定せず「うまくいかなかったら支点を変える」にしておいて、試行錯誤した方が実戦力がつくと思います。

④　上下の力のつりあいを考えます。

ばねはかりA ＋ 120 ＝ 200 ＋ 72

ばねはかりA ＝ 272 － 120 ＝ 152 g

［解答］おもり 72 g　　ばねはかり A 152 g

次に、太さが一様でない棒について考えます。太さが一様でない棒は、棒の重さと重心を自分で求めなくてはいけません。**棒の重心の求め方**は以下の3つです。

① **教えてくれる**

② **比で求める**

③ **とりあえず下げてみる**

[問題4] 教えてくれる

太さが一様でない棒をばねはかりでつるすと図のように水平になり、ばねはか
りは 100 g を示しました。

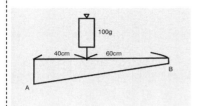

この棒の真ん中をばねはかりでつるすと棒が傾いたため、棒の端 A または B
のどちらかにおもりを下げて水平にしました。A・B のどちらに何 g のおもり
を下げればよいでしょうか。

[解説]

教えてくれたのが分かりましたか？　重心とは、棒の重さの中心 / 一点で支える
と棒が水平になる点です。

棒の重さは 100 g、重心は左端（A）から 40cm のところです。ここにおもりを
下げましょう。

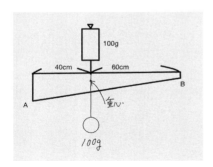

次にばねはかりを棒の真ん中に移動させます。重心はそのまま A から 40cm のと
ころです。**重心は動かない**ことに注意しましょう！

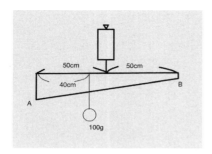

すると、棒が傾き、左側が下がります。

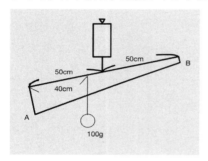

これを水平にするためにはBにおもりを下げればよいことが分かります。

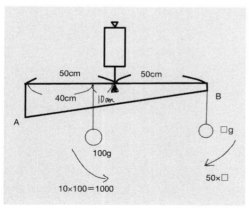

$10 \times 100 = 50 \times \square$

$\square = 1000 \div 50 = 20$ g

［解答］ Bに 20 g 下げればよい

ここで確認！ **支点は**回転の中心なので**動かしてもよい**（自分で決めてよい）ですが**重心は**その物体の重さがかかる点なので**動きません。**

［問題5］ 比で求める

太さが一様でない長さ100cmの棒があります。この棒の両端をばねはかりで支えると、図のように左端は100ｇ、右端は300ｇを示しました。この棒を一点で支えて水平にするには、ばねはかりを左端から何cmのところにすればよいですか。また、そのときのばねはかりの示す値を答えなさい。

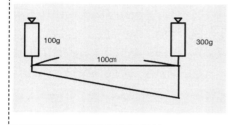

［解説］

重心を求めましょう。

ばねはかりの値が右の方が大きいので重心は右寄りにあることが分かります。

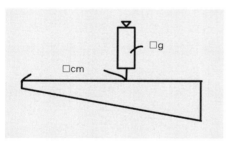

重さの比が１：３なので、重心までの距離は３：１

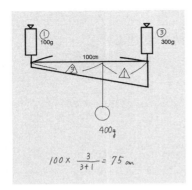

よって、左端からの距離は $100 \times \left(\dfrac{3}{3+1} \right) = 75$cmです。

またこの棒の重さは 100 g と 300 g で支えられているので $100 + 300 = 400$ g

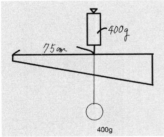

一点で支えて水平にする＝重心を支える、ということなので重心の位置と棒の重さを答えればOK！

［解答］75cm　400 g

また、図のようなパターンもあります。

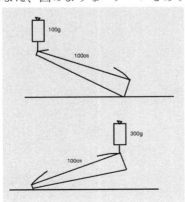

これは片方を床が支えているので［問題5］のパターンと全く同じです。

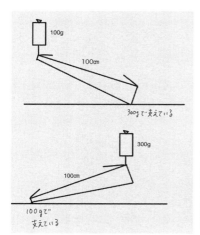

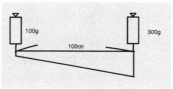

［問題6］とりあえず下げてみる

図のように重さと重心が分からない 100cmの棒の両端に 100 g と 200 g のお
もりを下げ、左から 80cmのところをばねはかりでつるすと棒は水平になり、
ばねはかりは 700 g を示しました。この棒の重心は左端から何cmのところにあ
りますか。またこの棒の重さを答えなさい。

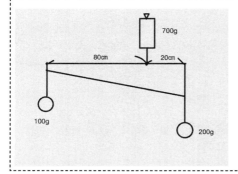

［解説］

棒の重さは簡単に求められますね。

　700 － （100 ＋ 200） ＝ 400 g　です。

次に、棒の重さをおもりにして下げましょう！ どこに？ …適当に！ 違ってい

たら変えればいいだけです。

とりあえずばねはかりの真下に下げてみます。

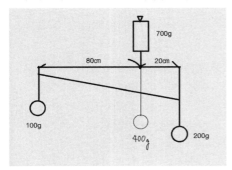

そして、支点を決めて回転のつりあいを考えると…

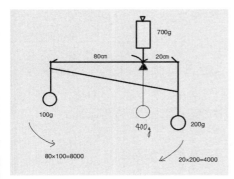

左が下がってしまうことが分かります。重心はばねはかりより右寄りだったこと
が分かります。

下げ直します。

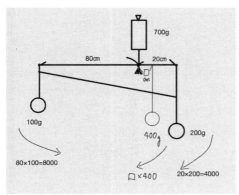

これでつりあいを考えましょう。

$$80 \times 100 = \square \times 400 + 20 \times 200$$
$$\square = (8000 - 4000) \div 400 = 10\text{cm}$$

ばねはかりから 10cmなので左端からは 80+10 ＝ 90cmとなります。

［解答］90cm　400g

この場合、回転のつりあいを考えておもりの重心がばねはかりよりも右側だ、とはじめに考えられればもちろんよいのですが、重心の位置が分からないから下げられない…方針が立たない…分からない！ となる生徒がたくさんいます。

その対策として、**とりあえず下げてみる！** です。頭の中だけで試行錯誤するより、かいて試行錯誤した方が断然速いです。

「分かる→かく」ではなく「かく→分かる」のです。これは他の科目、特に算数にも共通します。できる子は「完全に方針が立たなくてもできることをしてみる」ということをしています。

比で考えたい子のために～できるものとできないもの～

てこの問題に取り組むとき、回転で考えるより比の方がラク！ という生徒は結構います。ただ、比では解けない問題がいくつかあります。紹介しておきます。

① てこのつりあい、おもりが片側に2個以上

まずは比が使えるタイプ

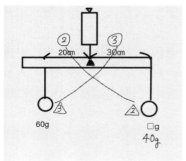

前ページのようなタイプならおもりが左右にひとつずつなので逆比が使えます
が、次のように片側におもりが2個以上あると回転のつりあいで考えないと答
えは出ません。

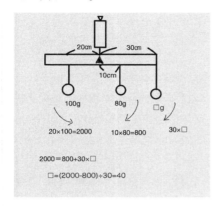

② 重さを分けるとき、おもりが2つのばねはかりの外にある

比が使えるタイプ

[問題7]

次の図でばねはかり A・B にかかる力の大きさを求めなさい。ただし棒の重さ
は考えないものとします。

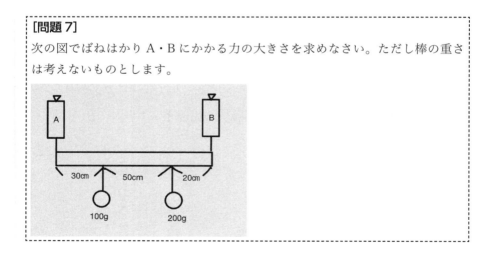

[解説]

これなら比で重さを分けることが可能です。

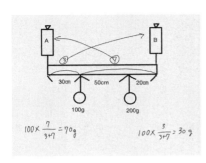 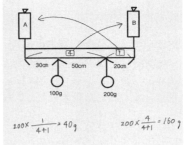

$100 \times \dfrac{7}{3+7} = 70g$　　$100 \times \dfrac{3}{3+7} = 30g$　　$200 \times \dfrac{1}{4+1} = 40g$　　$200 \times \dfrac{4}{4+1} = 160g$

100 g のおもりは　　Aに 70 g　　Bに 30 g

200 g のおもりは　　Aに 40 g　　Bに 160 g　　と重さが分けられるので

ばねはかりAにかかる力は　　70 ＋ 40 ＝ 110 g

ばねはかりBにかかる力は　　30 ＋ 160 ＝ 190 g　　となります。

［解答］ばねはかりA 110 g　　ばねはかりB 190 g

ただし、2 つのおもりをひとつずつ分けなくてはいけません。

もちろん回転で考えても構いません。

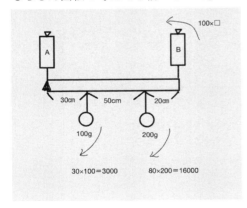

$30 \times 100 + 80 \times 200 = 100 \times \square$

　　$\square = (3000+16000) \div 100 = 190$ g　　　ばねはかりBは 190 g

　　ばねはかりA＝ (100+200) － 190 ＝ 110 g　　ばねはかりAは 110 g

比が使えないタイプ

[問題8]

次の図でばねはかり A・B にかかる力の大きさを求めなさい。ただし棒の重さ
は考えないものとします。

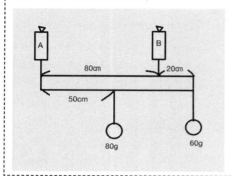

[解説]

このパターンは右側のおもりが 2 つのばねはかりの外にあるため比で分けられ
ません。仕方ないので回転で考えましょう。Aの下を支点にした方が少しラクで
すが、Bの下を支点にしても解けます。

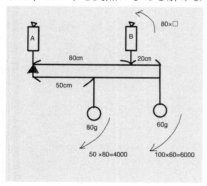

$50 \times 80 + 100 \times 60 = 80 \times \square$

$\square = (4000 + 6000) \div 80 = 125$ g　　　ばねはかり B は 125 g

ばねはかり A $= (80 + 60) - 125 = 15$ g　　　ばねはかり A は 15 g　です。

[解答] ばねはかり A 15 g　ばねはかり B 125 g

ばねはかりＢを支点にしても

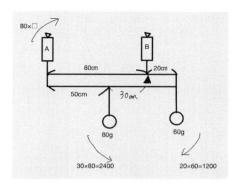

$30 \times 80 = 20 \times 60 + 80 \times \square$

$\square = (2400 - 1200) \div 80 = 15 \ g$ ばねはかりＡは 15 g と求められます。

行きづまったら支点を変える

よく出る応用パターンに次のようなものがあります。

[問題 9]

次の図でばねはかりにかかる力と左端からばねはかりまでの距離を求めなさい。ただし、棒の重さは考えないものとします。

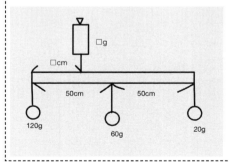

[解説]

ばねはかりにかかる力は簡単ですね。上下の力のつりあいから

　120 ＋ 60 ＋ 20 ＝ 200 g　です。

さて、ここから！ 支点をばねはかりの下にすると…

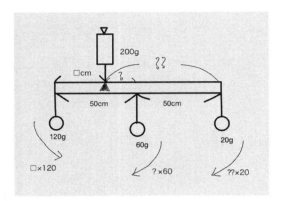

求められない値ばかりです。こうなったら支点を変えます。左端にしてみましょう。

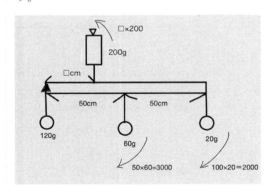

ばねはかりにかかる力が分かっているのがポイントです。

$50 \times 60 + 100 \times 20 = □ \times 200$

　　□ ＝（3000 ＋ 2000）÷ 200 ＝ 25cm　　左端からの距離は 25cmです。

[解答] 200 g　　25cm

おもりを合体させる

実は、比で考えられないと前述した問題も、比で考えられないことはありません。
おもりを合体させる（合成おもり）という考え方があります。

[問題10]

次の図でばねはかり A・B にかかる力の大きさを求めなさい。ただし棒の重さ
は考えないものとします。

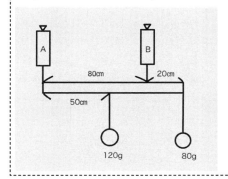

［解説］

［問題8］の数値替えになっています。

2つのおもりを合体させて 200 g のおもり 1 個にしてしまいましょう。

200 g のおもりは重さの逆比の 2：3 のところにかかっていることになります。

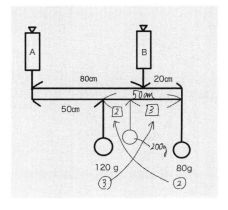

$50 \times \dfrac{3}{2+3} = 30$cm　右端からから 30cm のところに 200 g のおもりが下がっていることになります。

おもりが 2 つのばねはかりの間にきたので分けられます。

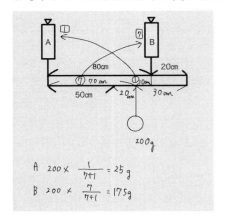

ばねはかり A は　$200 \times \dfrac{1}{7+1} = 25$ g

ばねはかり B は　$200 \times \dfrac{7}{7+1} = 175$ g

［解答］ばねはかり A 25 g　　　ばねはかり B 175 g

この解き方で［問題 9］のパターンも解けます。おもりを合体して 1 個にして、そこをばねはかりで支えれば OK です。

こっちで解いた方が解きやすい問題もあります。ただ、数値によっては途中の値が複雑な分数になるため、計算力の高い子向けの解法です。

1-4 電気回路

豆電球は電流を通し…？

豆電球のつくりを確認します。フィラメントはタングステンでできていますがここは電流を通しやすいか通しにくいか？ 生徒に聞いてみると正答率は70%くらいでしょうか？ 正解は…**通しにくい**です！ 通しにくいところに無理に電流を通しているので熱が出て、さらには光が出るのです。ここをしっかり覚えておきましょう。

直列回路をマスターする

乾電池1個に豆電球1個をつないだ回路に流れる電流を1として、回路に流れる電流を考える問題は定番中の定番です。一通り確認していきます。

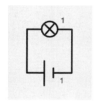

豆電球を直列に増やすと…電流が通りにくくなるので、電流が弱くなります。
ここで重要なのは、乾電池から出る電流が初めから小さくなっていることです。
直列回路ではどこでも流れる電流が同じになります。

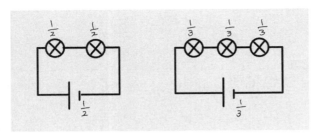

乾電池は電流を流す力を出します。

乾電池を直列に増やすと電流を流そうとする力（電圧）が大きくなるので、電流は大きくなります。

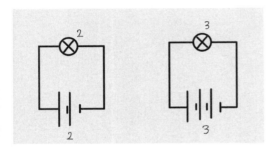

電気は乾電池から出てくるわけではなく、回路の中に電気の粒が散らばっていて、乾電池をつなぐと押されて一斉に動き出すイメージです。

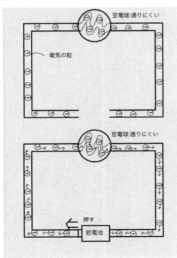

電流の大きさは電流を流そうとする力（電圧＝直列につないだ乾電池の数）と電気の通しにくさ（抵抗＝直列につないだ豆電球の数）で決まります。

［問題１］

図１に流れる電流を１としたとき、次の回路に流れる電流を求めなさい。

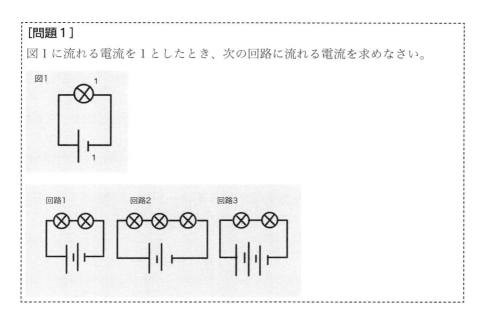

［解説］

回路１は通しにくさ（抵抗）２なので電流は $\frac{1}{2}$ に、電池２個なので電流は２倍に…よって１です。

このように考えていってもよいですし、電流は豆電球の数に反比例し、乾電池の数に比例するので

$$電流 = \frac{直乾（直列乾電池）}{直豆（直列豆電球）}$$ と公式のように考えてもよいでしょう。

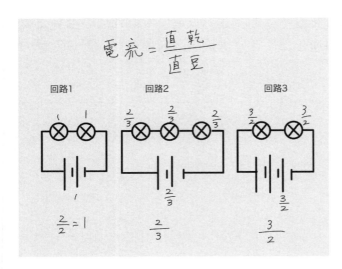

回路2は$\dfrac{2}{3}$、回路3は$\dfrac{3}{2}$となります。

［解答］回路1　1　回路2　$\dfrac{2}{3}$　回路3　$\dfrac{3}{2}$

並列はかくせ！

豆電球を並列につなぐと、**電流はお互い関係なく流れます。**

下の図では豆電球Aも豆電球Bも乾電池1個とつながれているのと同じです。

よってどちらにも1の電流が流れます。

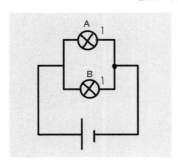

そして合流点で電流は合流して、太線の部分には2の電流が流れます。

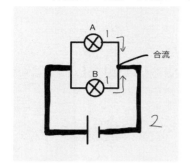

また、乾電池を並列につないでも、電流を流そうとする力は大きくなりません。下のような回路では豆電球に流れる電流は1になります。

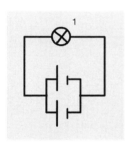

そして、乾電池に流れる電流は図の点で分かれて $\frac{1}{2}$ になります。

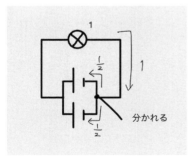

ここで解き方を伝授します！
豆電球が並列になっていてもお互い関係ない→一方をかくして考えるとラクです。
乾電池が並列になっていても流そうとする力は変わらない→こちらも一方をかくすとラクに考えられます。

並列はかくしてしまいましょう！

考え方をまとめてみます。

① 並列をかくす

並列になっている部分は豆電球も乾電池も指でかくしてしまいましょう。

② 豆電球に流れる電流をかき込む

③ 豆電球から電流を流す

使ってみましょう！

①② 並列になっている豆電球を１つかくします。すると、乾電池１個豆電球１個なので、豆電球に流れる電流は１になります。これを図にかき込みます。

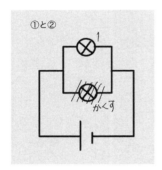

もう一方をかくしても乾電池１個に豆電球１個なので豆電球に流れる電流は１になります。これもかき込みます。

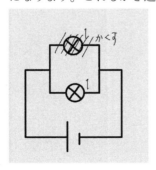

③ 豆電球から電流を流すと、合流して乾電池には2の電流が流れます。

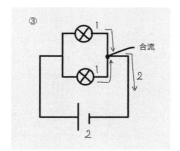

この解き方のポイントは、**必ず豆電球から電流を流す**ことです！

他のパターンも見てみます。

①② 豆電球を1つかくすと、乾電池2個で豆電球1個なので豆電球に流れる電流は2になります。

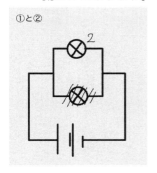

もう1つもかくして2

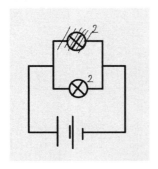

③ 豆電球から流して合流

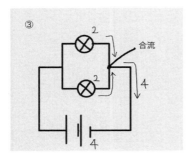

次のパターン

①② 並列になっている一方をかくすと、乾電池１個に豆電球１個なので豆電球に流れる電流は１

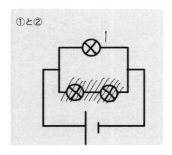

もう一方をかくすと乾電池１個に豆電球２個なので豆電球に流れる電流は $\frac{1}{2}$

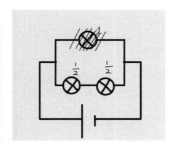

③ 豆電球から電流を流して合流します。

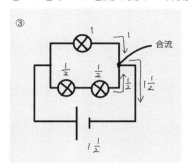

このとき、$1 + \dfrac{1}{2}$ になることに注意してください。$\dfrac{1}{2}$ の豆電球が2つあると、

$1 + \left(\dfrac{1}{2} + \dfrac{1}{2} \right) = 2$ のように足したくなる子が続出します。

乾電池が並列の場合

①② 並列になっている乾電池の一方をかくすと、乾電池1個豆電球1個なので、
　　豆電球に流れる電流1をかき込みます。

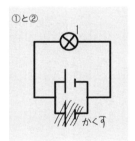

※この後、もう一方をかくす必要はありません。豆電球に電流をかき込んだら、次に移っ
　てよいです。

③ 豆電球から電流を流します。

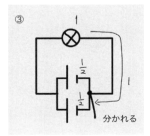

すると、電流が分かれて乾電池に流れる電流は$\frac{1}{2}$になります。

もう一つ

①② 並列の乾電池を1個かくすと、乾電池1個豆電球2個なので豆電球に流れる電流は$\frac{1}{2}$

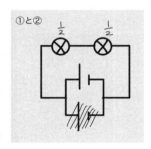

③ 豆電球から電流を流します。

乾電池の手前で分かれるので、乾電池に流れる電流は$\frac{1}{4}$ずつになります。

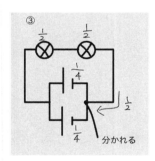

これで基本回路はOK！ 豆電球に流れる電流が大きくなると豆電球は明るくなり、乾電池に流れる電流が大きくなると乾電池は消費していきます。つまり、

乾電池に流れる電流が弱いほど長持ちします。

少し練習してみましょう。

[問題2]

(1) 図1に流れる電流を1としたとき、次の回路の豆電球A〜Uおよび乾電池に流れる電流を答えなさい。

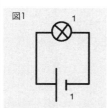

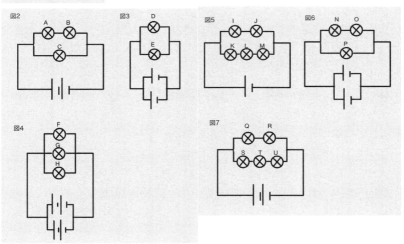

また

(2) 最も明るい豆電球

(3) 図1と同じ明るさの豆電球

(4) 最も豆電球が長くついている回路

を、それぞれすべて選びなさい。

［解説］

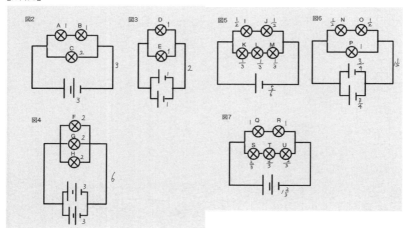

図2　まず、Cをかくして $\dfrac{直乾}{直豆} = \dfrac{2}{2} = 1$　$A = B = 1$

次にAとBをかくして $\dfrac{直乾}{直豆} = \dfrac{2}{1} = 2$　$C = 2$

合流して3

図3　Eと乾電池の一方をかくして $\dfrac{1}{1} = 1$　$D = 1$、同様に $E = 1$

合流して2

乾電池の手前で分かれて乾電池には1ずつ

図4　GHと乾電池の一方をかくして $\dfrac{直乾}{直豆} = \dfrac{2}{1} = 2$　$F = 2$、同様に $G = H = 2$

合流して6

乾電池の手前で2つに分かれて3ずつ

図5　KLMをかくして　$\dfrac{直乾}{直豆} = \dfrac{1}{2}$　$I = J = \dfrac{1}{2}$

IJをかくして　$\dfrac{直乾}{直豆} = \dfrac{1}{3}$　$K = L = M = \dfrac{1}{3}$

合流して　$\dfrac{1}{2} + \dfrac{1}{3} = \dfrac{5}{6}$

図6　Pと乾電池の一方をかくして　$\dfrac{直乾}{直豆} = \dfrac{1}{2}$　$N = O = \dfrac{1}{2}$

NO と乾電池の一方をかくして　$\dfrac{直乾}{直豆} = \dfrac{1}{1}$　P = 1

合流して　$\dfrac{1}{2} + 1 = \dfrac{3}{2}$

乾電池の手前で分かれて　$\dfrac{3}{2} \div 2 = \dfrac{3}{4}$

図7　STU をかくして $\dfrac{直乾}{直豆} = \dfrac{2}{2} = 1$　Q = R = 1

QR をかくして $\dfrac{直乾}{直豆} = \dfrac{2}{3}$　S = T = U = $\dfrac{2}{3}$

合流して　$1 + \dfrac{2}{3} = 1\dfrac{2}{3}$

(2) 最も明るい豆電球は、2 の電流が流れている C，F，G，H です。

(3) 図1と同じ明るさの豆電球は1の電流が流れているものなので
A,B,D,E,P,Q,R です。

(4) 豆電球が最も長くついている＝乾電池が長持ちする＝乾電池に流れる電流が
小さい。

なので、図6です。

[解答]

(1) 豆電球　A = 1　B = 1　C = 2　D = 1　　E = 1　　F = 2　　G = 2

H = 2　I = $\dfrac{1}{2}$　J = $\dfrac{1}{2}$　K = $\dfrac{1}{3}$　L = $\dfrac{1}{3}$　M = $\dfrac{1}{3}$　N = $\dfrac{1}{2}$　O = $\dfrac{1}{2}$

P = 1　Q = 1　R = 1　S = $\dfrac{2}{3}$　T = $\dfrac{2}{3}$　U = $\dfrac{2}{3}$

乾電池　図2 3　図3 1　図4 3　図5 $\dfrac{5}{6}$　図6 $\dfrac{3}{4}$　図7 $1\dfrac{2}{3}$

(2) C,F,G,H　　(3) A,B,D,E,P,Q,R　　(4) 図6

使いこなせましたか？　このタイプの問題の厄介なところは、当てはまるものを
すべて答えるところです。一つ間違えると全体に響くのです。練習して完璧にし
ましょう！

よく出る応用回路

中学入試でよく登場する応用回路をいくつか紹介します。

まずこれ！ 抵抗を求めてから回路に流れる電流を求めるパターン。$\frac{2}{3}$ を覚えている受験生も多いでしょう。

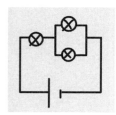

考え方を確認しておきます。

まず、抵抗と電流の関係を確認します。**抵抗＝電流の流れにくさ**　です。

豆電球１個の抵抗を１とすると豆電球２個直列の場合、抵抗は２になります。抵抗が２→流れにくさが２倍になるので電流は $\frac{1}{2}$ になります。つまり、抵抗と電流は反比例します。

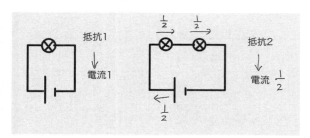

次に並列回路を考えます。この場合の抵抗はいくつになるでしょうか？

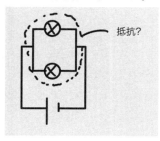

並列になると道が 2 本になって（道路の車線が増えるイメージ）流れやすくなるので、抵抗は $\frac{1}{2}$ になります。

もう少し説明します。電熱線で説明した方が分かりやすいので、電熱線に登場してもらいます。抵抗 1 の電熱線があり、それを並列にしたら…？

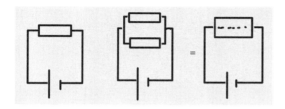

合体させて太くなったのと同じ！　と考えられます。太くなったら流れやすくなる→抵抗が小さくなりますね。

さて、並列回路に戻ると抵抗が $\frac{1}{2}$ なので電流は 2 になります。

ここで注意！　この**電流は回路全体の電流**です。基本的な回路の電流を求める際、今まで扱ってきたように先に豆電球に流れる電流の値を求めている受験生がほとんどだと思いますが、この求め方では回路全体に流れる電流が先に求まります。

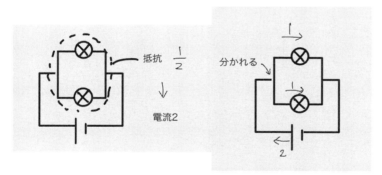

さて、はじめの回路に戻ります。

豆電球 1 個の抵抗を 1 とすると、左側の豆電球の抵抗は 1 です。右側の並列部分の抵抗は $\frac{1}{2}$ になります。

すると、回路全体の抵抗は $\frac{3}{2}$ になります。抵抗と電流は反比例しますので、電流は $\frac{2}{3}$ になります。

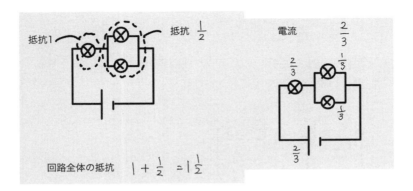

さて、この回路を使ったよく出る応用問題。

[問題 1]
次の回路で豆電球Bをソケットから外すと、豆電球Aと豆電球Cの明るさは
どうなりますか。次のア～エからそれぞれ選びなさい。
　ア　明るくなる　イ　暗くなる　ウ　変わらない　エ　消える

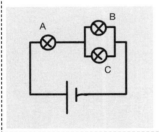

[解説]
まず初めは$A = \dfrac{2}{3}$、$C = \dfrac{1}{3}$の電流が流れています。

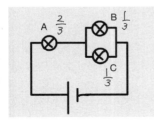

豆電球Bをソケットから外すと、その道が切れるので図のような回路になり

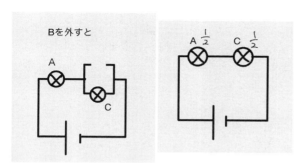

$A = \dfrac{1}{2}$、$C = \dfrac{1}{2}$ の電流になります。

A は $\dfrac{2}{3} \to \dfrac{1}{2}$ と電流が弱くなるので暗くなり、C は $\dfrac{1}{3} \to \dfrac{1}{2}$ になるので明るくなります。

[解答] A　イ　C　ア

※ソケットから豆電球を外すと道が切れます。「ソケットから外した後、つなぎ直す」
　と思い込んでいる小学生が結構いるので注意しましょう。

[問題2]

図1の電流計に流れる電流が120mAのとき、図2の回路の豆電球A〜Eに流れる電流を答えなさい。

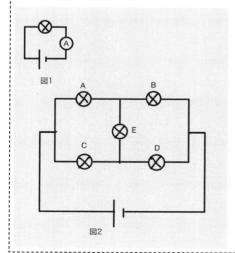

図1

図2

［解説］

Eの豆電球をどう考えるかがポイントです。電流の流れを考えると①の道や②の
道は流れるだろう、考えられます。

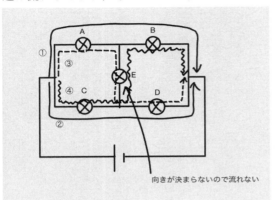

向きが決まらないので流れない

次に③と④…無理ではなさそうなのですが、Eの豆電球を③のように流れるか、
④のように流れるか…全く同じ条件なので決まらないのです。**向きが決まらない
のでEには流れません**。

よって、下のような回路になります。こうなると簡単ですね。

A＝B＝C＝D＝60mAになります。

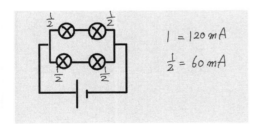

$$I = 120\,mA$$
$$\frac{1}{2} = 60\,mA$$

［解答］A 60mA　B 60mA　C 60mA　D 60mA

向きが決まらないのは下図のような回路も同様です。図1は向きが決まらないので流れませんが、図2は向きが決まるので流れます。

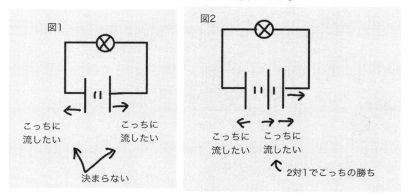

ちなみに下のような回路では①より②の方が流れやすい（抵抗が小さい）ため向きが決まり、すべての豆電球に電流が流れます。

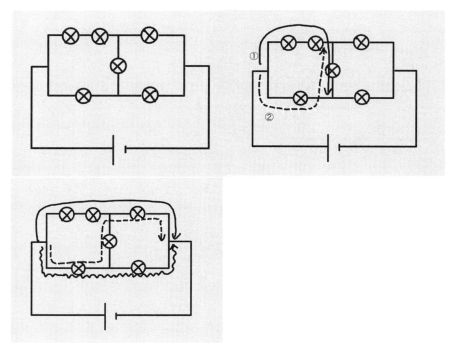

[問題 3]
図 1 の電流計に流れる電流が 120mA のとき、図 2 の回路の豆電球 A ～ C に流れる電流を答えなさい。

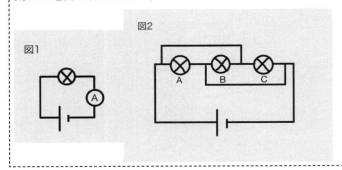

[解説]
まず、①と②はすぐに見えるでしょう。

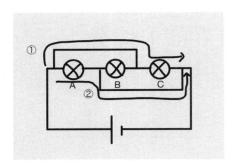

次がポイントです！　上を通ってきた後、分岐点があります。ここで分かれてから合流するまでを比較すると

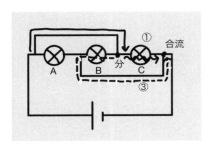

Cを通って合流とBを通って合流は同じく1個の豆電球を通って合流していま
す。ということは…両方に流れます。
そしてこの回路は結局、分岐点から合流点までの①②③の道すべて豆電球1個
ずつ通る並列回路になっていることが分かります。

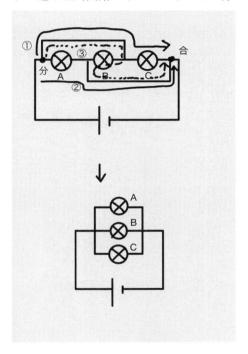

よって、A＝B＝C＝120mAになります。

[解答] A 120mA　B 120mA　C 120mA

1-5 スイッチ回路

スイッチ回路のかき直し方〜分かれ道に注目！〜

入試でよく登場するスイッチ回路。スイッチ回路の難しい点の一つに、回路の見にくさがあります。かき直して見やすくして考えましょう。かき直し方を紹介します。

① つなぐスイッチを線で結び、電流が通れるところをなぞる

※スイッチをつなぐ / スイッチを入れる / スイッチを閉じる…はすべて同じ意味です。
　「つなぐ」「入れる」は問題ないのですが「閉じる」がつなぐという意味だと分かっていない小学生は多いです。反対の意味だと思っている場合もあるので保護者の方が確認してください。

② ここまでかく

③ 出会うものを順にかいていく

登場するものは

・豆電球

・分かれ道

・合流

です。特に意識するべきは**分かれ道**です！

例を出して考えます。図の回路でスイッチＡだけつないでみましょう。

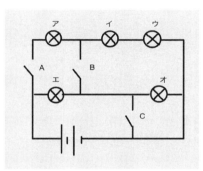

① まずなぞります

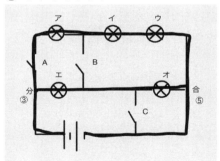

② 次にここまでかいて

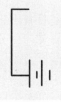

③ ここで、まず初めに出会うのは分かれ道です！

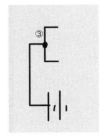

④ 上にいくと豆電球ア、イ、ウに出会い
横にいくと豆電球エ、オに出会って

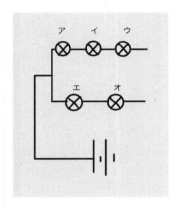

⑤ 合流します。
これをかき直すと下図のようになります。

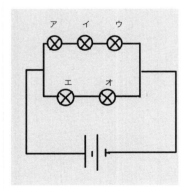

次はスイッチ B だけつないだ回路を考えましょう。

① まずなぞります

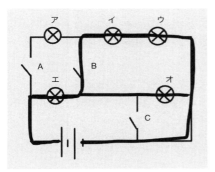

② 次にここまでかいて

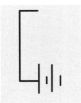

③ まず出会うのは豆電球エですね

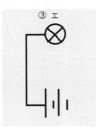

④ 次に出会うのは分かれ道です

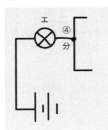

⑤ 上にいった方は豆電球イとウに出会い、横にいった方は豆電球オに出会います。

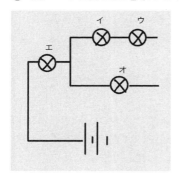

⑥ そして合流

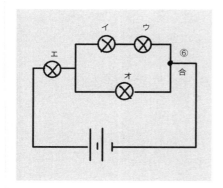

スイッチ回路の**ポイントは分かれ道と合流**です。**分かれてから合流までに何があるかに注目**します。

これがかけると明るい順に並べなさい、といった問題は簡単に解けるでしょう。
エ＞オ＞イ＝ウ　ですね。

Cだけつないだパターンを考えます。

① なぞって

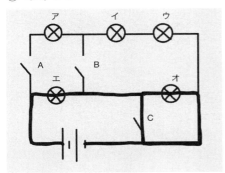

② ここまでかいて

③ 豆電球エに出会ってから分かれ道に出会う

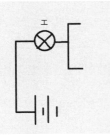

④ 横にいくと豆電球オに出会い、下にいくと何もないまま合流です。

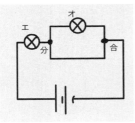

この場合は何もない道の方だけに電流が流れます。分かれてから合流までに注目し、比較しましょう。

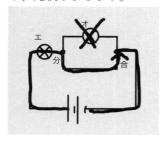

よって、さらにかきなおすと…

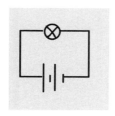

こんなシンプル回路になりました。

さて、ここまでは初級編です。このかき直しをすることで、分かれてから合流までに注目する感覚を養うことが目的といってもいいでしょう。
このかき方ではかき直せない回路や、かき直せるけれども少し面倒なものもあります。

[問題１]

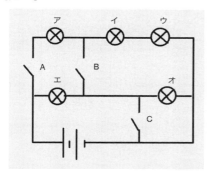

　スイッチ A と B を閉じたときの回路はどのようになるか考え、光っている豆
電球を等号と不等号を使って明るい順に並べなさい。

[解説]

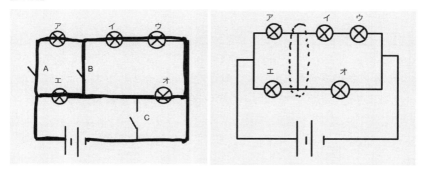

なぞったものをかき直してもあまり変わりません。そこで、点線で囲んだところ
をかき直してみます。

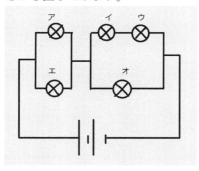

このようになります。豆電球の明るさは…少し悩むのではないでしょうか？
イとウが一番暗いことは分かると思うので、ここの電流を1としましょう。す
ると、イウの部分とオの部分の抵抗は2：1なのでオの電流は2になります。
ここから合流した部分は3になるのでアとエは1.5になります。

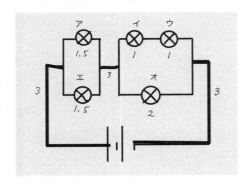

よってオ＞ア＝エ＞イ＝ウ　となります。

［解答］　オ＞ア＝エ＞イ＝ウ

ひとつの回路の中での電流の大きさ比較なのでどこを1にしてもよいですが、
電流のいちばん小さいところを1にすると数値が簡単になります。

何もない道を探せ！

先ほど少しだけ登場しましたが、スイッチ回路には「分かれてから合流までに何もない道」が現れます。これこそがスイッチ回路の醍醐味！ どのように考えるか紹介します。

先ほどの回路でスイッチAとCをつないでみましょう。

① なぞって

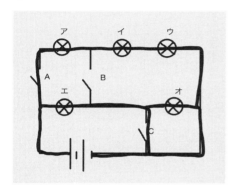

② まず分かれます。

③ 上にいった方は豆電球ア、イ、ウに出会います。

横にいった方は豆電球エに出会った後、もう一度分かれ道に出会います。ここから横にいくと豆電球オを通って合流地点へ、下へいくと何もない道を通って合流できます。

→豆電球オには電流が流れず、図のように電流が流れることになります。

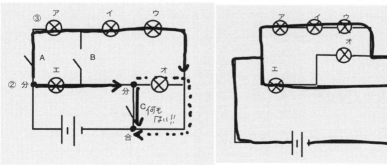

かき直してみましょう。

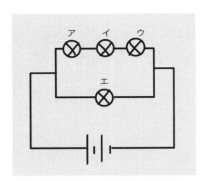

ここでひとつ確認！ スイッチ回路を習うと、図のような豆電球ア、イ、ウの3個を通る上の道と豆電球1個だけを通る下の道では、下の道だけに電流が流れるのでは？ と考える子がいます。これは両方流れます。**一方だけに電流が流れるのは、分かれてから合流までに何もない道があるとき**だけです。

［問題2］

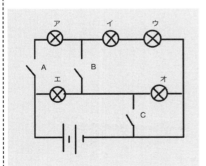

スイッチBとCを閉じたときの回路はどのようになるか考え、光っている豆電球を等号と不等号を使って明るい順に並べなさい。

［解説］

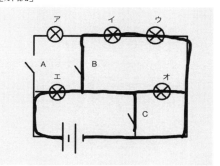

まず、エにいきます。その後分かれて、何もない道とイとウを通る道があること
に気づきます。

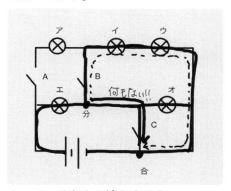

よって、イとウに流れません。

また、下図のようにオにも流れません。

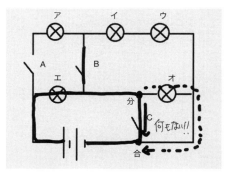

豆電球がつくのはエだけになりました。

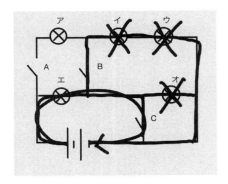

まさかの、不等号なしです。

［解答］エ

[問題3]

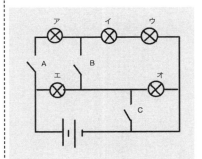

スイッチA、B、Cすべて閉じたときの回路はどのようになるか考え、光っている豆電球を等号と不等号を使って明るい順に並べなさい。

［解説］

この回路をなぞってみると…

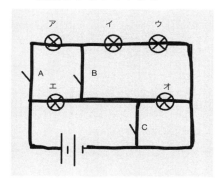

オに流れないのはすぐに分かるかと思います。

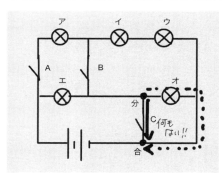

さらにアの横の分かれ道から合流までに何もない道があるのです。

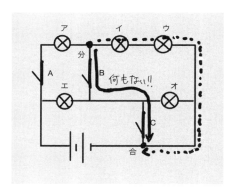

よって、下のようになります。

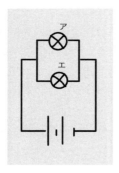

明るさはア＝エ

[解答]　ア＝エ

このように「何もない道」を探していくのがスイッチ回路のポイントです。慣れるまでには少し時間がかかるかもしれませんが、見つかると楽しく解ける問題です。

1-6 電磁石

基本は磁石

電磁石は電流を流したときだけ磁力を持つ磁石です。基本は磁石なのですがどこの塾も4年生で習うため、磁石の性質が抜けている生徒は多いです。しっかり確認しましょう。

磁石の性質

① N極とS極が引き合う

地球の北極は？…磁石のN極が引きつけられるということは…S極ですね！

② 同じ極どうしは反発する

③ 端の磁力が強い

棒磁石でもU磁石でも端ほど磁力が強いです。2本の棒磁石をくっつけると1本の磁石になり、真ん中になった部分は磁力がなくなります。

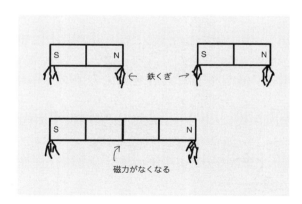

また、磁石を切るとひとつひとつが磁石になります。

④ 鉄・ニッケル・コバルト・酸化鉄を引きつける

酸化鉄（黒さび）も磁石につきます！ 間違えやすいので注意しましょう。鉄

が燃焼して酸化鉄になると、金属の性質はなくなります（電気を通さなくなる）が、磁石にはつくのです。※鉄の赤さびは磁石につきません。

⑤ 鉄に磁石をつける（こすりつける）と磁石になる

鉄は磁石に触れていると磁力を持ちます。N極と触れているとS極に、S極と触れているとN極…つまり、相手の極になります。

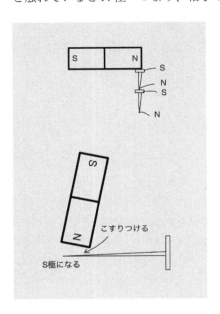

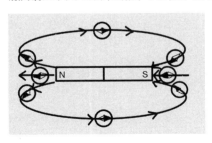

⑥ 磁力線は、方位磁針のN極が指した向きを結んだもの

磁力線の向きは方位磁針のN極が指す向きです。

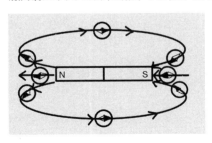

モーター…電流のたどり方がポイント！

モーターのしくみは説明されれば分かるけれど、問題になると解けない！ という生徒は多いです。図が見にくいのです。たどり方を図解します。ブラシからコイルにどうつながっているか、たどれれば勝ちです。

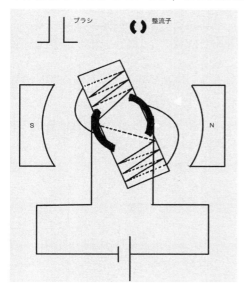

次ページの図を見ながらたどってみてください。

まず、電源から出た電流は

① ブラシから整流子に入ります。

② 次に整流子につながっている導線を通って

③ コイルの導線へ

④ コイルをくるくる

⑤ 裏側を通って

⑥ またくるくる

⑦ コイルから出て整流子につながる導線へ

⑧ 整流子からブラシに出て、外の導線へ。

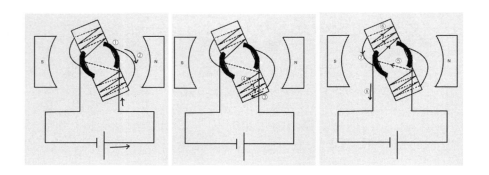

電流の向きに手を合わせると上が N 極になるので、図のように反時計回りにまわります。

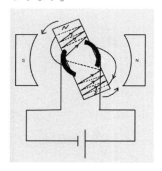

整流子に導線がつながっていて、そこからコイルにいくのが見にくいところです。しっかりたどれるようにしましょう！

手回し発電機はここが狙い目

もう定番化してしまった手回し発電機！　どんな問題として入試に登場するか、まとめておきましょう。

① LED とからめる

同じ時期に小学校の指導要領に入った LED（発光ダイオード）とからめて出題

されるのが定番です。

回す向きによって電流の向きが変わる手回し発電機と、一方向にしか電流が流れ
ない LED。とても分かりやすい問題になります。

［問題 1］

図 1 のように LED と手回し発電機をつなぎ、ハンドルを時計回りに回すと
LED は光り、反時計回りに回すと光りませんでした。

図 2 のように LED と手回し発電機をつなぎ、手回し発電機を反時計回りに回
したとき、光った LED はどれですか。A 〜 D からすべて答えなさい。

図 1

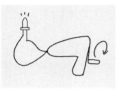

図 2

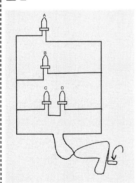

［解説］

LED は長い方の端子から電流が入ると電流が流れる（光る）という性質を持っ
ています。図 1 で時計回りにハンドルを回した場合は長い方から電流が入ろうと
するので流れ、反時計回りに回すと短い方から電流が入ろうとするので流れませ
ん。

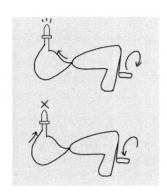

図2で反時計回りにハンドルを回すと、図の向きに電流が流れようとします。
Bは電流が流れるので光りますがAとCは電流が流れないので光りません。D
はCの部分を電流が通れないので光りません。

答えはB。「すべて」と書いてあっても答えがひとつのことはあります。

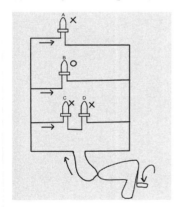

［解答］B

② 手ごたえの重さを問う

手回し発電機は流れる電流が大きいほど手ごたえが重くなります。

この性質を使って一般的な電気回路の理解も合わせて確認する問題が作れます。

[問題 2]

次のように豆電球をつないで手回し発電機を回したとき、A〜Cを手ごたえの重い順に不等号を使って並べなさい。

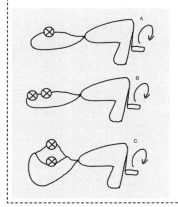

［解説］

これは、基本回路の電流を考えればOKです。Aは1、Bは$\frac{1}{2}$、Cは2になるので手ごたえはC＞A＞Bになります。

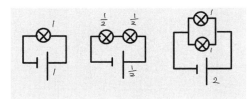

［解答］ C＞A＞B

③ コンデンサーとからめる

手回し発電機とコンデンサー（電気をためる部品）をつないでハンドルを回すと、コンデンサーに電気がたまっていきます。するとハンドルの手ごたえが変化していきます。

[問題3]

コンデンサーに電気がたまってくると、手回し発電機の手ごたえは重くなりますか。軽くなりますか。理由とともに答えなさい。

[解説]

手ごたえは軽くなっていきます。これは覚えてしまいましょう。

さて、なぜ軽くなっていくのでしょうか？

手回し発電機は電流が大きいほど手ごたえが重くなるので、コンデンサーに電気がたまってくると電流が弱くなっていくことになります。

電流が弱くなった、ということはコンデンサーの抵抗が大きくなった、ということになります。

[解答] 手ごたえは軽くなっていく。コンデンサーは電気がたまると抵抗が大きくなるから。

言葉に対して感覚のよい子ほど引っ掛かるところです。抵抗が大きい→手ごたえが軽い、は気持ち悪いものです。理科で登場している抵抗は電気抵抗＝電気の流れにくさだけを表しています。

電気抵抗が大きくなる→電流が小さくなる→手ごたえは軽くなる　ということです。

④　手回し発電機のハンドルから手をはなす

[問題4]

コンデンサーに手回し発電機をつないでしばらくハンドルを回した後、手をはなすと、手回し発電機のハンドルが勝手に回り出しました。その向きは今まで回していた向きと同じ向き / 逆向きのどちらでしょうか。

[解説]

これは、今までの向きと同じ向きになります。実際に実験してみるのがいちばんよいです。

理由…手をはなすとコンデンサーから電気が流れ始めます。この向きは今までの
　　　電流の向きと逆向きです。これによって手回し発電機のハンドルが回り
　　　ます。

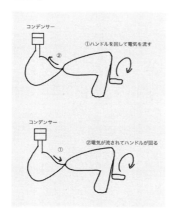

上…ハンドルを時計回りに回す→電流が生じる→導線に「←」の向きの電流が流
　　れた

下…コンデンサーから導線に「→」の向きに電流が流れる→手回し発電機に電流
　　が流れる→ハンドルが回る

「ハンドルを回したから電流が流れる」のと「電流を流したからハンドルが回る」
は逆のことです。そして流れる電流の向きが逆…ということは**逆の逆で同じ向
き！**といえます。

[解答] 今までと同じ向き

⑤ 原理は電磁誘導

手回し発電機の原理は本来は中学で習う範囲の電磁誘導です。コイルに磁石を近
づけたり遠ざけたりすると電流が流れる、というものです。

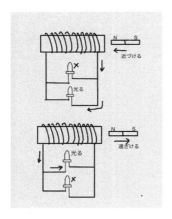

図のように棒磁石の N 極を近づけると右側が N 極になるように電流が流れ、N極を遠ざけると右側が S 極になるように電流が流れます。

手回し発電機の中にはコイルと磁石が入っていて、ハンドルを回すことによって磁石が回り、磁石がコイルに近づいたり遠ざかったりします。これによって電流が流れるのです。

電磁誘導の問題はたまに見かけることがありますが、本来習わない範囲なので必ず説明がつき、内容もあまり難しくないことが多いです。

これに対して、真面目な子ほど戸惑います。電池も電源もない回路に電流が流れるなど、予想できないのが普通でしょう。どういうこと⁉ とパニックになったり、問題を曲解したりしてしまいます。

以前は中学受験の範囲外でしたが、手回し発電機が小学校の指導要領に入ったため「出せる！」と中学校の先生が考えるのは自然な流れです。サラッと知っておくとよいでしょう。

オリジナル！ 電流と磁界の手の使い方

電流と磁界…電気回路の上下に方位磁針が置いてあるやつです。右手を使って「方位磁針と手のひらで導線をはさむ」流派と「右ねじの法則をそのまま使う」流派があります。長年やってきましたが…使いにくいです。

この単元の難しさは考えなくてはいけない条件が多いことです。大抵の小学生が何かを忘れて間違えます。そこで「方位磁針と手のひら…」タイプを少し改良しました。画期的！ とは言わないまでも、なかなかよい方法なので紹介します。

電流の流れている導線のまわりには磁界が生じていて、北を指している方位磁針のN極が少しふれます。これが、東西どちらにふれるのか？ を手を使って考えます。

右手を出してください。親指と人差し指がなるべく直角になるように開き、残りの3本指は軽く握ります。

役割は **人差し指: 電流の向き**

　　　　3本指: 方位磁針

　　　　親指: 磁界の向き（方位磁針のN極がふれる向き） です。

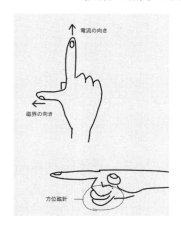

3本指を方位磁針に対応させたところがオリジナルです！

次の図の①〜④の位置に方位磁針を置いたときのふれについて考えます。①と④は方位磁針が導線の下に、②と③は方位磁針が導線の上にあります。

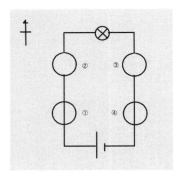

まず、①のように方位磁針が導線の下にある場合を考えます。

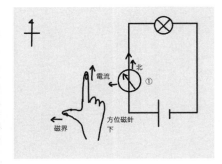

方位磁針が下にあるので、方位磁針（3本指）が見えないように手の甲を上にします。すると、親指が西を指すので方位磁針は西に少しふれます。

このとき、**少しだけふれるのがポイント**です。

方位磁針は地球（の磁気）によって北に引っ張られています。**方位磁針は北と電流の磁界の両方に引かれるので北と西の間を指します。北を忘れないようにしましょう！**

次に②のように方位磁針が導線の上にあるときを考えます。

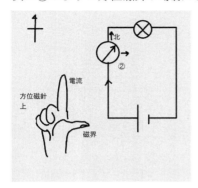

方位磁針が上にあるので方位磁針役の3本指が見えるようにてのひら側を上に
します。すると、親指が東を指すため、方位磁針は北と東の間を指します。
次に③です。

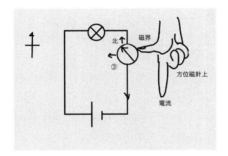

今度は電流が下向きになっているので注意しましょう。方位磁針（3本指）が上
にくるようにすると図のようになります。ちょっと痛いですね。ここで、親指と
人差し指をなるべく直角にするのがポイントです。親指（電流による磁界）は西
を指すので方位磁針は北と西の間を指します。
※手だけに注目すると南西を指してしまったりします。電流（人差し指）と磁界（親指）
　は直角！　そして方位磁針は北と磁界（親指）の間です。北を常に意識しましょう！

そして④

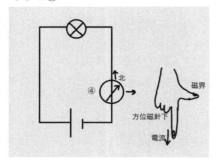

そろそろできますね。方位磁針（３本指）を下にして電流も下向き…手が痛いの
は分かっています。すみません。方位磁針は東と北の間を指します。

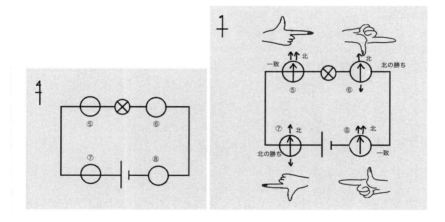

最後のパターンは⑤〜⑧です。

⑤と⑧は電流による磁界の向き（親指）と北向きが一致したので北を指します。

⑥と⑦は電流による磁界の向きと北向きが逆になってしまいました。中間を指す
ことができません。この場合**北の勝ち！**　で北を指します。

※厳密には、乾電池１個／豆電球１個程度の電流なら北を指します。電流を強くして
　いくと一気に南を指す瞬間がきます。豆電球と乾電池で作る回路なら、地磁気に勝て
　るほどの磁力を出す強い電流が導線を流れることはないと考えてよいでしょう。

1-7 電熱線

並列が基本！ 電流優先を理解する

電熱線の発熱量を考える問題。直列と並列で答えが逆になったりしてややこしい
ですね。しっかり理解して整理すれば得意にできます。

まず、並列回路から考えます。

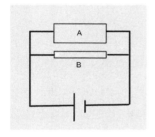

長さが同じで太さが異なる電熱線AとBが並列につながれています。まず、電流
を考えます。

並列の場合電流は流れやすい方（抵抗の小さい方）にたくさん流れますから、

電流　　A＞B　　になります。電流が強い方が発熱量が多くなるため

発熱量 A＞B　　になります。これだけです。

※抵抗が大きい方が熱が出やすいのでは？ と考えた受験生も多いと思います。それ自
　体は正しいです。

　・電流が強い方が発熱量が多い

　・抵抗が大きい方が発熱しやすい

　この２つのうち、**電流の影響の方が大きい**のです。この章の最後に数値を出し
　て確認します。

次に直列回路。先ほどと同様に長さが同じで太さが異なる電熱線が直列につなが

れています。こちらもまず電流を考えます。

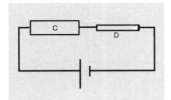

電流　C＝D　直列回路ではどこでも同じ強さの電流が流れています。ここで発熱量を判断するには、抵抗を考えます。抵抗が大きい（電流が流れにくい）方が発熱量が多くなります。

発熱量　C＜D　です。

通りにくい方が電気の粒がまわりの壁にガンガン当たりながら通るので熱が出やすい、というのはイメージしやすいため、こちらから覚えてしまう小学生が多いのですが、これは同じ電流が流れている2つを比べるときの考え方です。あくまで**電流優先**なのです。

考え方をまとめます。
① **電流の大小を比べる→電流の大きい方が発熱量が多い**
② **電流が同じ場合は抵抗を比べる→抵抗の大きい方が発熱量が多い**

[問題1]

次の回路の電熱線A〜Dを、不等号を使って発熱量の大きい順に並べなさい。

A、C：断面積 0.2㎟　長さ 10cm
B、D：断面積 0.2㎟　長さ 20cm

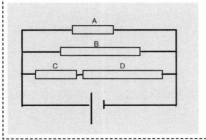

［解説］

まず電流を考えます。

A＞B＞C＝D

CとDが直列になっている部分は断面積 0.2㎟、長さ 30cm と考えられるのでいちばん抵抗が大きくなり、電流は小さくなります。

次に発熱量を考えます。A＞B＞までは決定。CとDは電流が同じなので抵抗を考えます。抵抗の大きいDの方が熱が出ます。よって、A＞B＞D＞Cとなります。

［解答］　A＞B＞D＞C

一本ずつつなぐのは並列と同じ

電熱線を並列や直列につなぐのではなく、別々につなぐパターンを考えてみましょう。

［問題2］

Aの電熱線とBの電熱線をそれぞれ図のようにつなぎ、5分後の水温を比べました。どちらの水温が高くなっていると考えられますか。不等号を使って答えなさい。

A：断面積 0.2㎟　長さ 10cm　　B：断面積 0.4㎟　長さ 10cm

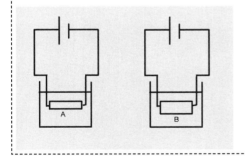

［解説］

まず電流を比べます。A＜Bですね。一本ずつつないだので、それぞれを考えればよいです。

電流はBの方が大きくなります。並列と考え方は同じです。というより、並列は
お互い関係なく電流が流れると考えるので並列のほうが一本ずつつないだのと同
じといえます。

電流がA＜Bなので、発熱量もA＜Bになります。

［解答］A＜B

数値化した方が分かりやすい子のために

抵抗が大きい方が発熱しやすいはずなのに、なぜ電流を優先するのか分からない、
納得いかない、という受験生も多いと思います。

発熱量は電流×電流×抵抗に比例する、ということを知っていますか？
見たことがある受験生も多いとは思いますが実際にこれを使って計算する入試問
題はあまりありません。

ただ、この式を使うと、はじめの電流優先がはっきりします。

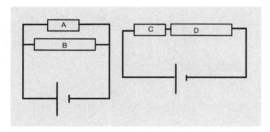

A、C：断面積 0.2㎟　長さ 10cm

B、D：断面積 0.2㎟　長さ 20cm

Aの抵抗を1、Aに流れる電流を 120mA とすると

Bの抵抗は2、Bに流れる電流は 60mA

Cの抵抗は1、Dの抵抗は2なので右の回路全体の抵抗は3になります。よって
C、Dに流れる電流は 40mA

となります。※CとDは 0.2㎟ 30cmに流れる電流…と考えてもよいです。

発熱量は

A：$120 \times 120 \times 1 = 14400$

B：$60 \times 60 \times 2 = 7200$

C：$40 \times 40 \times 1 = 1600$

D：$40 \times 40 \times 2 = 3200$

となります。

A＞Bになっていますね。電流は2回かけるため、影響が大きくなっているのです。

また、A〜Dの4つを比べるとA＞B＞D＞Cとなります。電流の影響が大きいため、電流が小さくなる直列回路では発熱量が少なくなるのです。

1-8 光

光はかなり難しい問題が登場することも多いため、苦手な受験生が多い単元です。
その中から、差のつきやすい屈折と反射の作図を扱いたいと思います。

屈折のルールを知る～かきながら覚えよう～

光は「空気中→水」や「ガラス→空気」など、異なる物質の中に入るときに屈折
します。屈折のしかたを考えるために、まず光の速さを考えます。光の速さはお
よそ秒速30万kmととても速いですが、空気中／水中／ガラス中を進むときの速
さがわずかに違います。
空気中＞水中＞ガラス中の順です。進む速さが異なるため、屈折が起こるのです。
光が両側に車輪のある車に乗ってやってくると考えます。
まず、空気中から水中に入るときはどうなるでしょう？

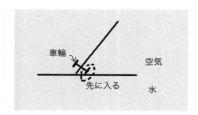

この図の場合、右側の車輪が先に水に入ります。すると右側が遅くなります。左
側の方が速くなるため、図のように曲がります。水に入った方は泥沼に車輪がは
まって動かなくなるようなイメージです。

このとき、あまり曲げすぎないことがポイントです。水面に対して垂直以上に曲がることはありません。少しだけ曲げましょう。

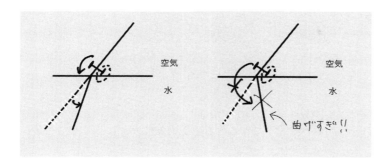

次に水中から空気中に光が出る場合を考えます。

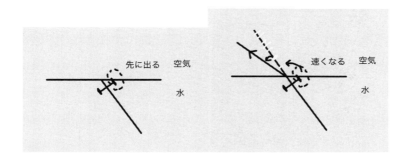

今度は右側の車輪が先に出て→右が速くなり、図のように曲がります。

光が水面に対して垂直に出入りする場合は左右の車輪に速さの差ができないため曲がりません。

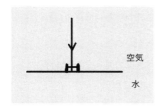

よく出る問題を考えます。ガラスに光が当たったときの屈折を考えましょう。

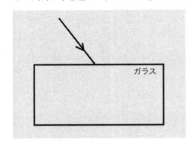

入るときは左側が先に入るので遅くなり、出るときも左側が先に出るので今度は
速くなり、図のように曲がります。

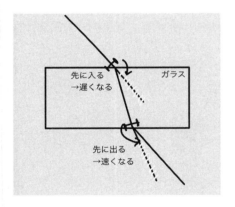

次に下図のようなガラスで考えてみましょう。

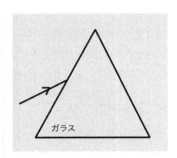

入るときは下が先に入るので遅くなり、出るときは上が先に出るので速くなり…
図のように曲がります。

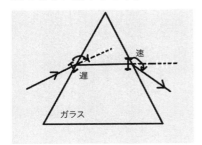

あれ？　入る光と出る光って平行なんじゃないの？　と思いませんでしたか？　そ
う思っている生徒が多いのですが、入る光と出る光が平行になるのは光の入る面
と出る面が平行なときだけです。

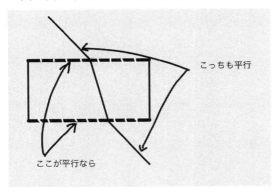

次のパターンにいきます。

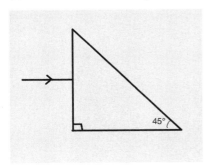

これ、知っている受験生も多いのではないでしょうか。

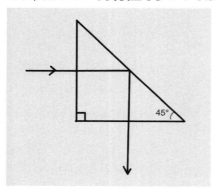

こうなります。今までのルールでは説明できません。

どういうことなのか？ 実は説明していなかったことがあります。

光は水面やガラス面で屈折だけでなく反射もしています。一部の光は屈折、一部の光は反射しているのです。

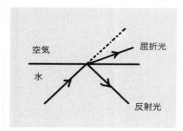

次に図のような光を考えます。

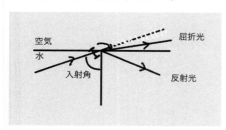

屈折光がかなり水面に近づいています。もう少しで水面に重なってしまいそうです。

実際、入射角がある程度以上になると屈折光は外に出られなくなり、すべて反射

します。これを全反射といいます。そしてその限界の角度（臨界角といいます。覚えなくてよいです）は大体 45 度です。

このため、このタイプのガラスでは全反射が起こって図のようになるのです。理由が分かって納得したら、覚えてしまってよいでしょう。

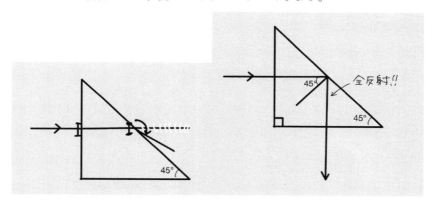

目（脳）は光がまっすぐきたと判断する

私たちの目で見たものは脳が処理して認識していますが、屈折した光を解析して本当はこの位置にある！　と判断するようにはできていません。目に入った光のまっすぐ延長上にその物体があるように見えます。

屈折光の作図をしながら、光が屈折するとどう見えるか？　を考えていきましょう。

① 水の中にあるものを斜め上から見ると浮き上がって見える

　　水中の A の位置に硬貨があったとすると、A から出た光は次ページの図のように屈折します。

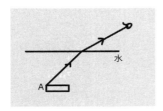

すると、目（脳）は光がまっすぐきたと判断するため、Bの位置にあるように見えるのです。

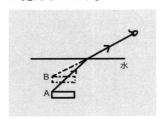

［問題1］

水中のAの位置いる魚がBの位置に浮きあがって見えました。光の道筋を作図しなさい。

［解説］

まず、見えている位置Bと目を結びます。

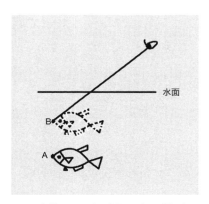

次に実物 A と水面上の点を結びます。

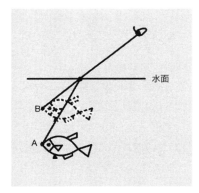

本当の光の道筋を残して矢印をかき、見かけの線を点線にします。

［解答］

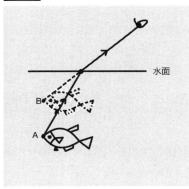

この作図ははじめに見えている位置と目を結ぶ線をかくことにより、**水面で屈折する点を見つけることがポイント**です。実物の位置Aから線を引き始めると屈折する点が分からなくなります。

② 水槽の向こうのものがずれて見える

[問題2]
水の入った水槽の向こうに棒があります。手前のAの位置から見るとどのように見えるでしょうか。次のア〜エから選びなさい。

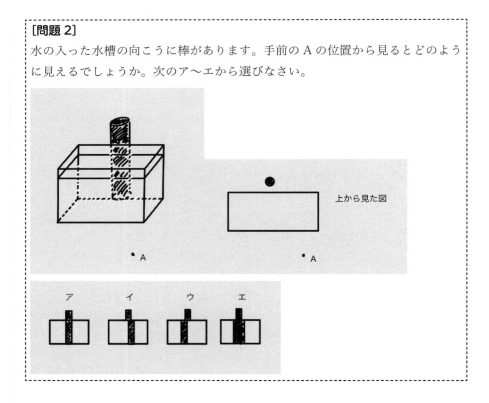

［解説］
斜めから見ているのでイかウかな？　とは考えられそうです。これは作図の問題ではないので、光の屈折と、まっすぐきたと感じることだけ分かればOKです。

棒から出た光は、下の左図のように屈折して A に届きます。

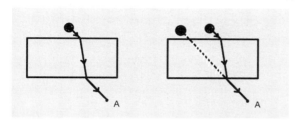

それがまっすぐきたように見えるので、水槽を通ってきた光は左にずれて見えます。

[解答] ウ

富山湾では海面付近の空気と上空の空気に温度差があるとき、蜃気楼が見えることがあります。蜃気楼とは、対岸の景色が空中や地平線近くに映ったように見える現象です。

空気に温度差があると空気の密度が変わります。温度の高い空気の方が膨張して密度が小さくなるのです。すると、水と空気のときのように光の屈折が起こります。

実際は少しずつ密度が変化するため、何層もの空気があり、少しずつ屈折していくような状態です。

入射角が大きくなると全反射が起こるため、図のように光が屈折・反射していきます。

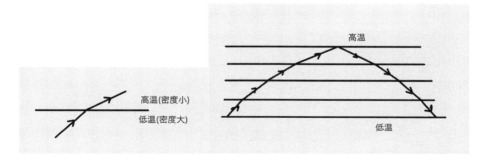

［問題 3］

(1) 海面の付近の気温が低く、上空の気温が高いとき、対岸の景色がどのように見えるでしょうか。次のア〜エから選びなさい。

(2) 海面の付近の気温が高く、上空の気温が低いときにはどうなるでしょうか。次のア〜エから選びなさい。

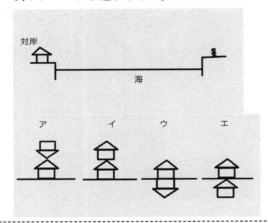

［解説］

（1）上空の気温の方が高いときは図のように光が屈折します。

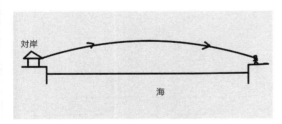

目は光がまっすぐきたと感じるので

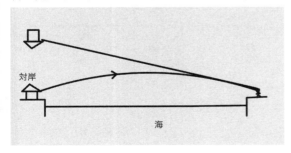

アのように見えます。

(2) 上空の気温の方が低いときは図のように屈折するので、ウのように見えます。

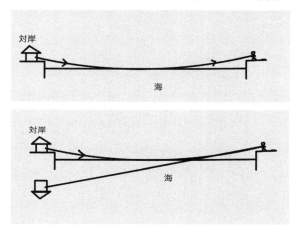

［解答］(1) ア (2) ウ

反射の作図

意外と難しい反射のときの光の道筋を確認していきます。

まず、鏡にうつったAさんをBさんが見るときの光の道筋を作図してみましょう。

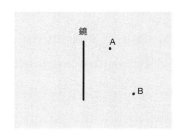

① 鏡の向こうに A さんの像（A'）をかきます。鏡に対して線対称の位置にかけば OK です。

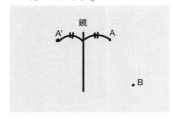

② A' と見る人（B）を結びます。

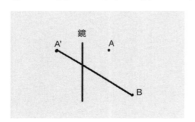

③ 光が出ているのは A なので A と鏡面上の点を結びます。ここが重要です。

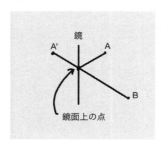

④ 矢印をかき、本当の光の道筋でない鏡の向こうは点線にします。

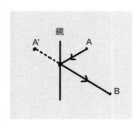

これをふまえて、合わせ鏡でも同じような作図をしてみましょう。

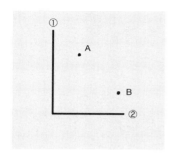

先ほどと同じように鏡にうつった A さんを B さんが見るときを考えます。

① 鏡①による像 A' と鏡②による像 A" は先ほどと同じです。

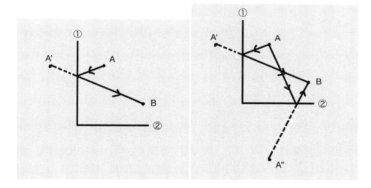

② 次に 3 個目の像を考えます。合わせ鏡は一方の鏡に他方の鏡がうつるため、図のように鏡があるような状態になっています。

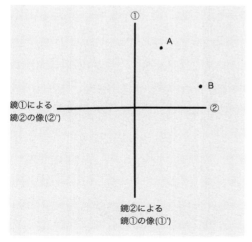

③ そのため、A'が鏡②'によってうつった像A"'ができます。

　この像はA"が鏡①'によってうつった像と重なっています。

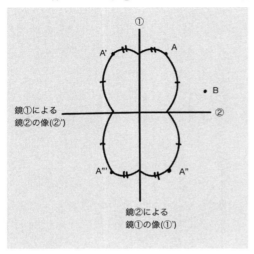

④ A"'からB（見る人）に向かって線を引きます。

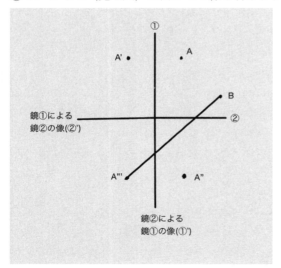

次に鏡面上の点からAに線を引くと…変ですね。入射角と反射角が全く違います。なので、これは違います。

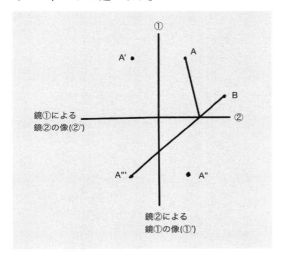

⑤ 鏡面上の点から入射角と反射角が同じになるように線を引くと…A'が見つかりました。そう！ A'に向かって線を引けばよいのです。すると鏡①とも交わり…

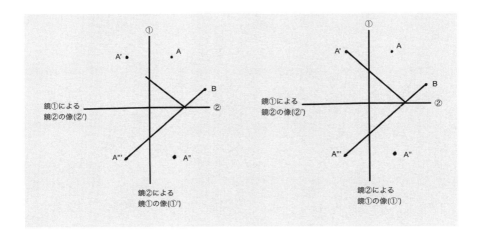

⑥　下のような光の道筋だったと分かります。

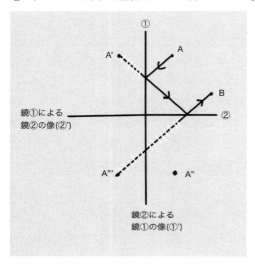

3個目の像 A"' は鏡①と鏡②で **2回反射** した像になります。

このため、鏡にうつった像は実物と左右が反対になりますが、この像は反対の反対で**実物と左右が同じ**になります。

2　理解の深さを問う問題

2-1　運動

物体の運動にはふりこや斜面を転がる球、球を木片にぶつける問題などがあります。この手の問題は与えられたいくつかの条件から時間 / 速さ / 距離を求めたり比較したりします。

ポイントはただ一つ！ **結果を決める条件を覚えてそこだけに注目する**ことです。

結果を決める条件を知る

① ふりこの周期

ふりこの周期（1 往復するのにかかる時間）は**ふりこの長さだけ**で決まります。おもりの重さや角度には関係ありません。下のような表が示され、確認できるようになっている問題も多いです。

	①	②	③	④	⑤	⑥	⑦	⑧
ふりこの長さ（cm）	25	50	100	200	25	100	25	225
おもりの重さ（g）	50	50	50	50	100	100	50	50
角度（度）	30	30	30	30	30	30	60	60
周期（秒）	1.0	1.4	2.0	2.8	1.0	2.0	1.0	3.0

ふりこの長さと周期の関係を調べたいときは、ふりこの長さ以外の条件がそろっているものを比べます。①〜④ですね。

	①	②	③	④
ふりこの長さ（cm）	25	50	100	200
おもりの重さ（g）	~~50~~	~~50~~	~~50~~	~~50~~
角度（度）	~~30~~	~~30~~	~~30~~	~~30~~
周期（秒）	1.0	1.4	2.0	2.8

ふりこの長さが長くなると周期も長くなっていることが分かります。

次におもりの重さについて考えましょう。おもりの重さが変わっていて、他の条件が同じもの…①と⑤か③と⑥ですね。

	①	⑤
ふりこの長さ（cm）	~~25~~	~~25~~
おもりの重さ（g）	50	100
角度（度）	~~30~~	~~30~~
周期（秒）	1.0	1.0

重さには関係ないことが分かります。

角度についても確認してみます。①と⑦を比べてみます。

	①	⑦
ふりこの長さ（cm）	~~25~~	~~25~~
おもりの重さ（g）	~~50~~	~~50~~
角度（度）	30	60
周期（秒）	1.0	1.0

角度も周期には関係ありません。

ふりこの周期はふりこの長さだけで決まることが確認できました。入試問題でもこのように確認できるようになっている問題がほとんどです。

しかし、これは覚えておきましょう。覚えておいて、問題で確認するのがベストです。

ここで、問題！

[問題1]

長さ25cm、重さ200g、角度30度で実験したときのふりこの周期は何秒ですか。

	①	②	③	④	⑤	⑥	⑦	⑧
ふりこの長さ（cm）	25	50	100	200	25	100	25	225
おもりの重さ（g）	50	50	50	50	100	100	50	50
角度（度）	30	30	30	30	30	30	60	60
周期（秒）	1.0	1.4	2.0	2.8	1.0	2.0	1.0	3.0

[解説]

長さ25cmなのでもちろん1.0秒です。

重さや角度は結果に関係のない条件なので無視します。惑わされないことがポイントです。

[解答] 1.0秒

次に、ふりこの周期は長さだけで決まりますが、正比例ではないことを理解しましょう。

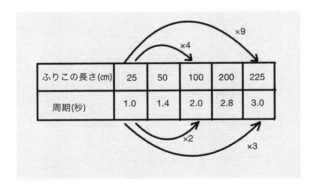

上の表のように**長さが4倍・9倍…になると、周期は2倍・3倍…**になります。**長さが平方数倍になっている**のがポイントです。

[問題2]

ふりこの長さ（cm）	25	50	100	200	225
ふりこの周期（秒）	1.0	1.4	2.0	2.8	3.0

長さ800cmのふりこの周期を求めなさい。

[解説]

この場合、どこと比較するのかが重要です。はじめの25cmと比べると

$800 \div 25 = 32$ 倍になってしまいます。32倍は平方数ではないので使えません。

平方数倍になっているところを探しましょう。

$800 \div 50 = 16$　これは 4×4 なので使えます。$1.4 \times 4 = 5.6$（秒）

$800 \div 200 = 4$　これは 2×2 なのでこちらでもOK。$2.8 \times 2 = 5.6$（秒）

[解答] 5.6秒

② 速さ

ふりこや斜面のいちばん下にきたときの速さを比較する問題があります。

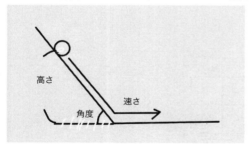

	①	②	③	④	⑤
おもりの重さ（g）	100	100	100	200	100
角度（度）	30	30	30	30	60
高さ（cm）	50	100	200	50	50
速さ（cm／秒）	100	140	200	100	100

①～③から高さが高くなると速さが速くなることが分かります。

	①	②	③
おもりの重さ（g）	~~100~~	~~100~~	~~100~~
角度（度）	~~30~~	~~30~~	~~30~~
高さ（cm）	50	100	200
速さ（cm／秒）	100	140	200

おもりの重さが変わったら？①と④を比較します。

	①	④
おもりの重さ（g）	100	200
角度（度）	~~30~~	~~30~~
高さ（cm）	~~50~~	~~50~~
速さ（cm／秒）	100	100

おもりの重さと速さは関係ないことが分かります。

※ここで納得のいかない受験生もいることと思います。実体験から考えて重い方が速い
はずだ！ と思うのではないでしょうか？ 実験をしてみると実際、重い方が速くなり
ます。

なぜか？ 空気抵抗と摩擦のせいです。重い方が空気抵抗や摩擦の影響が小さくなる
（ジャマが小さくなる）ため速くなるのです。

しかし、中学受験の運動の問題では（一部の例外を除いて）空気抵抗や摩擦は考えな
いことになっているため、重さと速さは関係ない、といってよいのです。

角度と速さの関係も確認しましょう。①と⑤ですね。

	①	⑤
おもりの重さ（g）	~~100~~	~~100~~
角度（度）	30	60
高さ（cm）	~~50~~	~~50~~
速さ（cm／秒）	100	100

これも関係ありません。

速さは高さだけで決まることが分かります。高いほど速くなります。覚え
てしまいましょう！

[問題 3]

図のように長さ 25cm のふりこを 30 度と 60 度のところからふらせました。
いちばん下にきたときの速さが速いのはどちらですか。

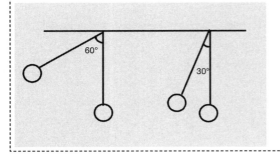

［解説］

これは、60 度の方が高いところからふらせているので、60 度の方です。

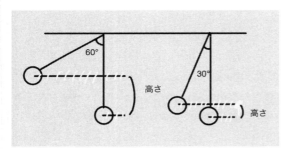

［解答］ 60 度

角度は直接は関係ありませんが、同じ長さのふりこで角度を変えると高さが変わ
ります。このように、**速さを問われたら高さだけに注目**し、高さがどう
変わるか確認しましょう！

次にいきます。

[問題4]

図のように斜面を30度と60度の角度にして転がしました。いちばん下にきたときの速さはどちらが速いですか。次のア〜ウから選びなさい。

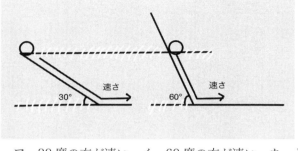

ア 30度の方が速い　イ 60度の方が速い　ウ どちらも同じ速さ

［解説］

こちらの問題では、角度は違いますが**高さは同じ**になっています。

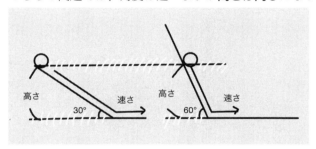

よって、**速さは同じ**です。

［解答］ウ

角度を大きくさせた場合「高くなる」と考える生徒は多いです。「斜面の長さは変わっていない」という条件を無意識に加えているからです。次ページの図のようなものです。

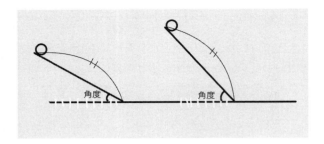

これなら確かに角度が大きい方が高くなります。

このようになる場合は「斜面の長さを変えずに角度を大きくした」と表され、高さについては直接表記されないことがほとんどです。

③ 飛距離

斜面を転がってきた球が飛ぶ距離を考えます。

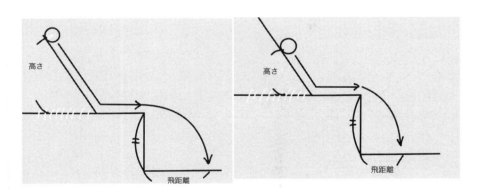

この飛距離も高さだけで決まります。

実は**台から床までの高さが同じなら飛び出してから床につくまでの時間は変わらない**のです。すると、**飛び出すときの速さが速いほど床につくまでにたくさん進む**ことになります。速さは高さだけで決まりますから、**飛距離は高さで決まる**ということになります。

④　衝突

おもりを木片などにぶつけて、ぶつけられた木片の動く距離を考えましょう。

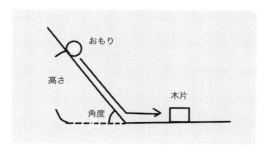

	①	②	③	④
高さ（cm）	50	100	50	100
おもりの重さ（g）	100	100	200	100
木片の重さ（g）	100	100	100	200
木片の動いた距離（cm）	10	20	20	10

高さと木片の動いた距離の関係は…①と②を比較ですね。

	①	②
高さ（cm）	50	100
おもりの重さ（g）	~~100~~	~~100~~
木片の重さ（g）	~~100~~	~~100~~
木片の動いた距離（cm）	10	20

高さが2倍になると木片の動いた距離も2倍になっています。正比例ですね！

おもりの重さについても考えてみましょう。①と③。

	①	③
高さ（cm）	~~50~~	~~50~~
おもりの重さ（g）	100	200
木片の重さ（g）	~~100~~	~~100~~
木片の動いた距離（cm）	10	20

こちらも、**おもりの重さが2倍になると、木片の動いた距離が2倍、正比例**の関係になっています。

さらに木片の重さも確認してみましょう。そのほかの条件がそろっているのは②

と④です。

	②	④
高さ（cm）	~~100~~	~~100~~
おもりの重さ（g）	~~100~~	~~100~~
木片の重さ（g）	100	200
木片の動いた距離（cm）	20	10

木片の重さが2倍になると、木片の動いた距離は$\frac{1}{2}$になっています。今度は反比例でした！

ここで初めて結果を決める条件に重さが登場してきました。

ぶつかってきたおもりが重いほど、ぶつけられた木片は吹っ飛びます。また、ぶつけられる方の木片は軽い方がたくさん動きます。また、おもりの転がってきた高さが高いほど、木片は動きます。

ぶつけられた木片の動く距離は高さと重さで決まります。

高いほど木片の動く距離が大きいのは、高いほどおもりの速さが速いからです。速くて重いものがぶつかってきたら衝撃が大きいのはイメージしやすいと思います。

［問題5］

次の表の空欄ア〜ウを埋めなさい。

	①	②	③	④	⑤	⑥	⑦
高さ（cm）	50	100	50	100	100	200	ウ
おもりの重さ（g）	100	100	200	100	300	100	400
木片の重さ（g）	100	100	100	200	100	400	200
木片の動いた距離（cm）	10	20	20	10	ア	イ	5

［解説］

ア…なるべく値がそろっているものと比較するのがよいでしょう。②ですね。並べてかいてみます。

②高さ100cm	おもり100g	木片100g	距離20cm
⑤ 　100cm	300g ↙×3	100g	ア ↙×3

おもりの重さが3倍なので木片の動く距離も3倍

$20 \times 3 = 60$cm　です。

イ…①②④のどれでもよいですが、ここでは②と比較してみます。

高さが２倍で木片の重さが４倍になっています。いっぺんに処理してもよいですが、ここは慎重に、ひとつずつ変えていきます。このタイプの問題が苦手な受験生は「ひとつずつ変える」をぜひマスターしてください。

まず、高さだけを２倍にしたときの距離を考えます。木片の重さは 100 g のまま変えないのがポイントです。距離は２倍→ 40cm になります。

次に木片の重さ４倍を考えます。木片の重さは重くなるほど距離が小さくなる（反比例！）ことに注意しましょう。

$40 \times \dfrac{1}{4} = 10$cmです。

ウ…処理に慣れてくればどれでもよいのですが、そろっているもののある④と比較します。

まず他の条件を変えずにおもりの重さだけ変えます。

おもりが 4 倍なので距離も 4 倍の 40cmになりました。

次に距離が 5cmになっていることを考えると

$\dfrac{1}{8}$ になっている、ということは高さが $\dfrac{1}{8}$ になっているはず、と分かります。

$100 \times \dfrac{1}{8} = 12.5\text{cm}$　でした。

［解答］ア　60　イ　10　ウ　12.5

そこだけを追え！

①～④の 4 つのポイントを確認します。

① **ふりこの周期はふりこの長さだけ**で決まる

② **速さは高さだけ**で決まる

③ 転がってきたおもりが飛ぶときの**飛距離は高さだけ**で決まる

④ **ぶつけられた物体の動く距離は重さと高さ**で決まる

押さえられましたか？　このタイプの問題は、どこに注目するかが勝負です。結果を決める条件がどうなっているか、しっかり考えましょう！

では実戦です！

[問題6]

図のように容器に砂を入れ、底に穴を開けてふらせました。砂が落ちていくと、ふりこの周期はどのように変化するでしょうか。次のア〜ウから選びなさい。ただし、砂はたくさんあり、全て落ちることはないものとします。

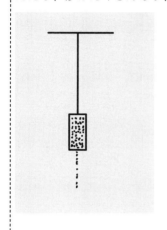

　ア　周期は短くなる　　イ　周期は長くなる　　ウ　周期は変わらない

[解説]

砂が落ちたら周期はどうなるか？　周期を問われているのでふりこの長さに注目です。ふりこの長さとは、支点からおもりの重心までです。

はじめ、砂は容器いっぱいに入っているため、重心は真ん中です。

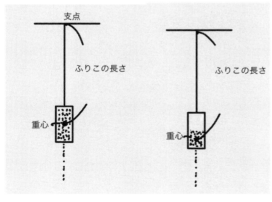

そして砂が落ちていくと…重心が下がっていきます。

ふりこの長さが長くなっていくので周期は長くなっていきます。

［解答］イ

※ただし書きの意味…砂がすべて落ち切ると重心は容器の重心になるのでもとに戻ります。そこは考えなくてよい、という意味です。

　この問題は、砂か落ちると重さが軽くなることに注目してしまう人を引っかける問題になっています。

　おもりの重さは周期に関係ない→周期は変わらない！　と考えた受験生もいたことと思います。ふりこの長さが変わっていないか、だまされないようにしっかり考えましょう！

［問題 7］

下のようなレールにＡ点から球を転がしました。Ａ〜Ｆの各地点での球の速さを速い順に等号・不等号を使って並べなさい。

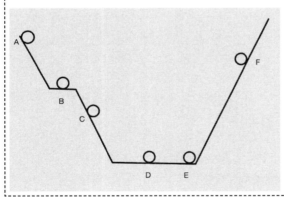

［解説］

速さは高さで決まりますから、高さを比較します。高さとは、はじめの点からの落差ということです。

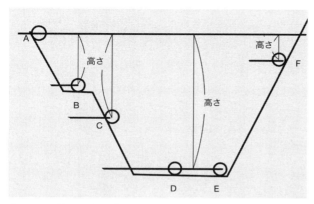

よって D ＝ E ＞ C ＞ B ＞ F ＞ A となります。

［解答］D ＝ E ＞ C ＞ B ＞ F ＞ A

［問題 8］

長さ 25cm のふりこと長さ 50cm のふりこを角度を同じにして手をはなしました。いちばん下にきたときの速さはどうなりますか。次のア〜ウから選びなさい。

ア 25cm の方が速い　イ 50cm の方が速い　ウどちらも同じ

［解説］

速さの問題なので高さを比較します。角度が同じでふりこの長さが異なったら、高さはどうなるのか？ 図をかいてみるのがいちばんでしょう。

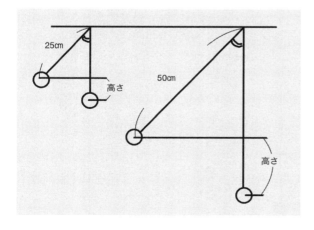

相似になっているのが分かりますね？　50cmの方が大きい図形なので50cmの方が高くなります。

よって、50cmの方が速い、となります。

［解答］イ

この問題で、50cmの方が周期が長いので50cmの方が遅いのでは？　と考える子がいます。確認してみましょう。

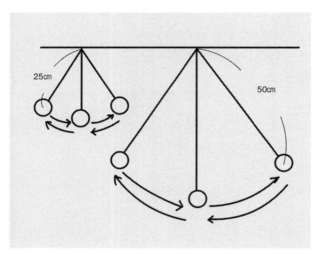

図のように、周期も長いですが動く距離も大きいのです。

実際の値で考えると25cmの周期は1.0秒、50cmの周期は1.4秒ですから時間は1.4倍です。

一方、動く距離は相似比が1：2なので2倍です。時間よりも距離の方が大きくなっています。

ここから速さ＝距離÷時間を考えると、50cmの方が速くなると確認できます。

ちなみにこの問題、自分で図をかいて高さを比べるなら90度にするととても簡単で分かりやすくなります。

[問題9] (やや難)
長さ 25cm のふりこと長さ 50cm のふりこをふれはばを同じにして手をはなしました。いちばん下にきたときの速さはどちらが速いですか。次のア〜ウから選びなさい。

　ア 25cm の方が速い　イ 50cm の方が速い　ウ どちらも同じ

[解説]
ふれはばとは図の長さのことです。ちなみに振幅とはその半分の長さのことです。

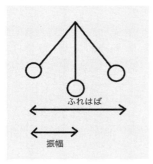

これも速さの問題ですから高さを比較します。ふれはばが同じ＝振幅が同じ ですから、振幅が同じで長さの異なるふりこの図をかきます。これはなかなか難しいです。定規を使ってかいてみてください。

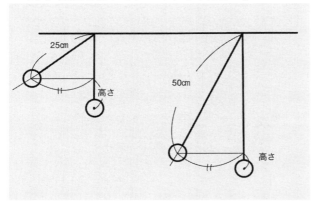

短いふりこの方が高くなりました。よって、25cmの方が速い、となります。

［解答］ア

このように、結果を決める条件だけを考えるのがポイントです。

［問題10］（やや難）

図のような高さ100cmの斜面のいちばん上から球を転がしたところ、斜面を下りきるのに0.5秒かかり、水平な面を200cm／秒の速さで転がりました。

同様に高さ200cmの斜面のいちばん上から球を転がすと、斜面を下りきるのに0.7秒かかり、水平な面を280cm／秒で転がりました。

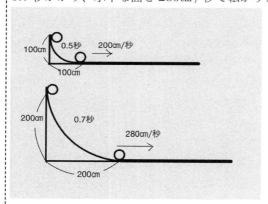

(1) 下図のように斜面をつなげ、斜面のＡ点から球を転がしました。球は左側の斜面のＣ〜Ｅのどこまで上がりますか。ただし、ＤはＣとＥの中点です。

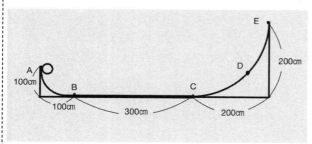

(2) Ａ点から（1）の点までにかかる時間を求めなさい。

［解説］

(1)は同じ高さまで上がるのでDです。

(2)ここからが楽しくなってきます。

まず、A→Bにかかる時間は0.5秒、これは分かるでしょう。

次にB→C。高さ100cmの斜面から転がってきた球の速さは毎秒200cmですから

$300 \div 200 = 1.5$ （秒）

C→D。ここが難しいところです。200cmの斜面を上から下まで転がるのにかかる時間は書かれていますが、半分の高さを、下から上に上がる時間がどうすれば求められるのか？

この斜面、両方とも横と高さの長さが等しいことにお気づきでしょうか？ また、直線ではなく弧の形をしています。

これ、実はふりこの周期の問題です。左は長さ100cmのふりこ、右は長さ200cmのふりこと考えられるのです。上から下／下から上にかかる時間はすべて周期の$\frac{1}{4}$になっています。よって、C→Dにかかる時間も0.7秒です。

※厳密にはふりこの長さは100cm－球の半径、200cm－球の半径です。

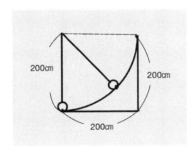

よって $0.5 + 1.5 + 0.7 = 2.7$ （秒）

［解答］(1)　D　(2)　2.7秒

発想のしかたとしては

斜面では速さがどんどん変化しているので普通の速さ計算では答えが出ない

時間を問われている→「時間」で知っているものは周期→あ！ 周期が使える！

という感じです。

2-2 燃焼

原理を正確に理解する〜燃焼とは〜

「燃えるってどういうこと？」という問いに対して、きちんと答えられる生徒は
あまりいません。

模範解答は**「熱や光を出しながらはげしく酸素と結びつくこと」**

この中でも**「酸素と結びつくこと」**が重要です。ものが酸素と結びつく、
そのときに熱や光が出る。これが「燃えている」ということです。

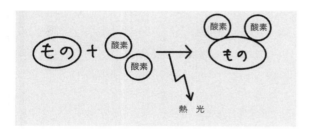

燃焼の3条件は知っていますね。

① **燃えるもの**

② **酸素**

③ **発火点以上の温度**

です。

ものと酸素が結びつくことが「燃える」ということですから、①と②は絶対に必
要です。ただ、燃えるものと酸素があっても簡単には結びつきません。ここに、「発
火点以上の温度」が必要なのです。発火点以上の温度になると、ものと酸素が結
びつき始めるのです。「燃えるもの」というのは「酸素と結びつくことができる
もの」ということになります。

燃焼の例を考えていきます。

① 銅

銅粉を空気中で加熱すると酸素と結びついて酸化銅になります。

銅　+　酸素　→　酸化銅

（赤茶色）　　　　　（黒）

② マグネシウム

マグネシウムリボン（マグネシウムをリボン状にしたもの）を空気中で加熱すると酸化マグネシウムになります。

マグネシウム　+　酸素　→　酸化マグネシウム

（銀色）　　　　　　　　　　　　（白）

③ 鉄

スチールウール（鉄を細くしたもの）も同様に空気中で加熱すると酸素と結びついて酸化鉄になります。

鉄　+　酸素　→　酸化鉄

（銀色）　　　　　（黒）

お気づきですね？　**燃えると酸化○○**になります。

ここで炭素を燃やしてみましょう。

④ 炭素　+　酸素　→　酸化炭素　？

なんとなく違和感がありますね。一文字足すと自然になります。

炭素　+　酸素　→　二酸化炭素

炭素は炭素の粒1つに酸素が2粒結びつくので二酸化炭素になります。

酸素の少ないところで炭素を燃やすと、酸素が1粒だけ結びついて一酸化炭素になります。

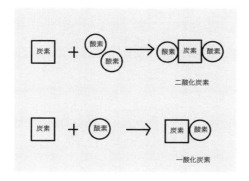

さらに水素についても考えます。

⑤ 水素 ＋ 酸素 → 酸化水素 ？
　　違和感がありますね。酸化水素は私たちにとってとても身近な物質なので、
　　いつもの名前で「水」と呼びます。
　　水素 ＋ 酸素 → 水

ここから身の回りの燃えるものについて考えていきます。

⑥ ろうそくは炭素と水素でできています。これが燃えると…

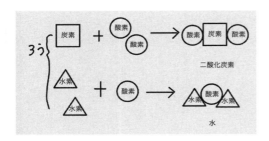

図のように二酸化炭素と水ができます。

ろうそくの他、**アルコールや石油、木や紙、メタンやプロパンなどのガスも炭素**
と水素でできています（有機物といいます）。このため、これらの物質は皆、燃
えると二酸化炭素と水になります。

本当に分かってる⁉ ～よくあるひっかけ～
① 燃焼の条件編

燃焼は理解の深さを問われる単元です。どんなふうに問われるか見ていきましょ
う。

[問題1]
集気びんの中に酸素50％、二酸化炭素50％の気体が入っています。この中に
火のついたろうそくを入れるとどうなりますか。次のア～エから選びなさい。

ア　空気中より激しく燃える

イ　空気中より穏やかに燃える

ウ　空気中と同じように燃える

エ　すぐに消える

　　※空気は窒素78％、酸素21％、二酸化炭素0.04％　とします。

[解説]

これに即答できればきちんと理解できています。

酸素に注目すると

空気中は酸素21％→今は50％

空気中より酸素が多いので激しく燃えます。

ただ、二酸化炭素に惑わされる子がたくさんいます。酸素も多いけど、二酸化炭素も多い…二酸化炭素が50％もあったら燃えにくいのでは…？　といった具合です。

燃えるとは「酸素と結びつくこと」なので二酸化炭素は関係ありません。二酸化炭素は何もしません。窒素と同じようなものです。

[解答]　ア

このように、一般的なイメージ（二酸化炭素は悪者）に惑わされず、本当に理解しているか？　を問われます。

[問題2]

集気びんの中に酸素21％、二酸化炭素79％の気体が入っています。この中に火のついたろうそくを入れるとどうなりますか。次のア〜エから選びなさい。

ア　空気中より激しく燃える

イ　空気中より穏やかに燃える

ウ　空気中と同じように燃える

エ　すぐに消える

　　※空気は窒素78％、酸素21％、二酸化炭素0.04％　とします。

[解説]

もう簡単ですか？　酸素だけに注目すると…空気中21％→今21％で変わってい

ません。答えはウですね。

［解答］ウ

［問題3］

図のように、水素で満たされた集気びんに下から火のついたろうそくを入れ、素早くガラス板でふたをするとろうそくの炎はどうなるでしょうか。次のア～オから選びなさい。

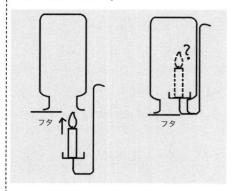

ア　空気中より激しく燃える

イ　空気中より穏やかに燃える

ウ　空気中と同じように燃える

エ　すぐに消える

オ　ポンと音を立てて燃える

［解説］

今回は悩んだでしょうか？ 答えは…エです。水素は燃える気体ですが集気びんの中が水素で満たされていた場合、酸素がないので燃えません。この問題、なんで下からろうそくを入れるのか気になりませんでしたか？ 上から入れるのが自然じゃないの？ と思った方、そこが気付きのポイントです。

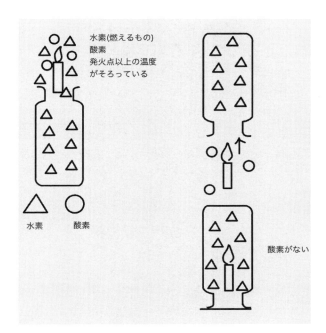

水素は空気より軽いため、上向きにしてふたを開けると外に出ていきます。そこに火のついたろうそくを入れようとすると、酸素があるところに水素が出てくるので水素が爆発して燃えます。

集気びんを下向きにした場合、軽い水素は集気びんの外には中々出てきません。そこに素早くろうそくを入れれば、酸素がないので火が消えます。

［解答］エ

ちなみに、集気びんに集めた水素に火を近づけて燃やす実験はほぼ登場しません。集気びんくらいの体積の水素を燃やすと危険だからです。水素を燃やす実験は試験管に集めた水素になっていることがほとんどです。

本当に分かってる!? ～よくあるひっかけ～
② 燃焼によってできるもの編

他のパターンも見ていきましょう。

[問題4]

集気びんの中でスチールウールを燃やした後、集気びんの中に石灰水を入れて振りました。

(1) 石灰水はどうなりますか。

(2) またそのことから何が分かりますか。

　(1)(2)とも1行の記述とします。

[解説]

どうでしょう？

「石灰水」と言われて反射的に「白くにごる！」「二酸化炭素」と答えてしまう生徒が一定数います。また、ものが燃えると必ず二酸化炭素ができると思っている子もいます。

スチールウールは鉄ですから

鉄　＋　酸素　→　酸化鉄

酸化鉄ができるだけです。二酸化炭素は発生しません。燃えて二酸化炭素ができるのは炭素を含むものだけです。

二酸化炭素が発生していないので石灰水は変化しません。

実験では石灰水が白くにごらない、という結果がまず得られ、そのことからスチールウールが燃えても二酸化炭素が発生しないということが分かります。

［解答］ (1) 変化しない　(2) スチールウールに炭素は含まれていないこと。／ス
チールウールは燃えても二酸化炭素を発生しないこと。　など

理解の深さを問う問題の王道です。

「そう思ったんだけど、石灰水を入れてどうなるか？　と聞かれているから、やっ
ぱり二酸化炭素ができるのかも？　と思っちゃった」という子もいます。そのあ
いまいさを突く問題ともいえます。

［問題 5］

図のように集気びんの中でろうそくと木炭をそれぞれ燃やして観察しました。
その後、それぞれの集気びんに石灰水を入れて振りました。

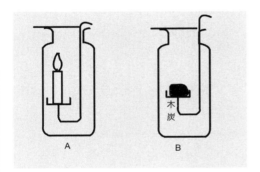

集気びん A と集気びん B はそれぞれどうなったでしょうか。次のア〜エから
それぞれ 2 つずつ選びなさい。

　ア　くもった
　イ　くもらなかった
　ウ　石灰水が白くにごった
　エ　石灰水を入れても変化しなかった

［解説］

分かりましたか？

ろうそくは炭素と水素でできているため、燃えると二酸化炭素と水ができます。
水は水蒸気として出てきますが、集気びんに冷やされて水滴となって集気びんに

つくため集気びんはくもります。また、二酸化炭素が発生しているので石灰水も白くにごります。

木炭は炭素だけでできているため、二酸化炭素は発生しますが水はできません。

よって、石灰水は白くにごりますが、集気びんはくもりません。

［解答］集気びん A　ア、ウ　集気びん B　イ、ウ

2-3 溶解度

中学入試によく出る単元のうち得意/苦手が分かれるもののひとつです。桜蔭などの最上位校でよく出ている印象です。なぜ難関校は溶解度を出すのか？ 頭のいい子なら解ける問題だからではないでしょうか。特別な解法を知らなくても、文の意味が分かれば解けるのが溶解度です。ここでいう「頭がいい」は「日本語が読める/理解できる」に近い意味です。そしてその力にはかなりのばらつき・差があるというのが中学受験に長く携わってきた人間の実感です。読解力は学力の中で大きなウェイトを占めます。読める子じゃなきゃ、ウチに入ってもついてこれませんよ…というメッセージかもしれません。

ただ、現時点で読解力の弱い子があきらめるのは少し早いです。

溶解度を理解することが言葉の意味を正確にとらえる一助になるかもしれません。

水がとかしていることを理解する

溶解度とは水100 gにとかすことのできる物質の重さです。温度によって決まっていて、グラフや表で表されます。

水温（℃）	0	20	40	60	80	100
食塩（g）	35.6	35.8	36.3	37.1	38.0	39.3
ホウ酸（g）	2.8	4.9	8.9	14.9	23.5	38.0

とかすことのできる量は水の重さに比例しますが温度には比例しません。

食塩で表を見てみましょう。

20℃でとける量は35.8 g、40℃では36.3 g　温度が2倍になってもとける量は2倍になったりしませんね。温度が変わったら必ず表やグラフを確認しましょう。

[問題 1]

80℃の水 200 g にホウ酸をとけるだけとかした後、40℃にしました。とけきれずに出てきたホウ酸は何 g ですか。

水温（℃）	0	20	40	60	80	100
食塩（g）	35.6	35.8	36.3	37.1	38.0	39.3
ホウ酸（g）	2.8	4.9	8.9	14.9	23.5	38.0

[解説]

まず、80℃なので表を見ます。表の値は水 100 g のときの値なので、水 200 g なら 2 倍とけます。

温度と水の量が大切なので、それをかきながら整理していきます。

80℃　水 200 g　ホ 23.5 × 2 ＝ 47 gとかした

40℃　水 200 g　ホ 8.9 × 2 ＝ 17.8 gまでとける　← 40℃になったらまた表を見ます

47 − 17.8 ＝ 29.2 g

[解答] 29.2 g

[問題 2]

80℃の水 100 g にホウ酸を 15 g とかした後、40℃にしました。とけきれずに出てきたホウ酸は何 g ですか。

水温（℃）	0	20	40	60	80	100
食塩（g）	35.6	35.8	36.3	37.1	38.0	39.3
ホウ酸（g）	2.8	4.9	8.9	14.9	23.5	38.0

[解説]

ここでさっきの問題より簡単と感じていたら、理解が深いといえます。

整理してみましょう。

80℃　　水 100 g　　ホ 23.5 gまでとける

　　　　　　　　　　15 gとかした

40℃　　水 100 g　　ホ 8.9 gまでとける

今回とかしたのは 15 g、40℃にしたときにとけるのは 8.9 g ですから、とけき

れずに出てくるのは

15 − 8.9 = 6.1 g　になります。

[解答] 6.1 g

これでよいのですが、理解が浅い場合、数値が3つ（23.5 g、15 g、8.9 g）あって悩んでしまいます。

23.5 g は「23.5 g までとけるから 15 g は余裕でとけるな」と確認する役割くらいしかありません。使わない数値なのです。

要領のよい子なら「15 g とかしたって書いてあるからとけたのは 15 g だな。表を見る手間がひとつ減った」と考えたりします。ただ、惑わされる子も非常に多いです。そのため、上記のように整理する方法を紹介しています。ここまでかくと、はじめにとけたのは 15 g であることが理解しやすくなると思います。数値だけでなく **「とかした」「までとける」をかき込んでおく** ことがポイントです。

水の重さが変わる / かくされる

次に、水の重さが途中で変わったり、示されていない（かくされている）パターンを見てみましょう。

[問題 3]
60℃で 300 g の水にホウ酸をとけるだけとかした後、水を 100 g 蒸発させ、20℃にしました。とけきれずに出てくるホウ酸は何 g ですか。

水温（℃）	0	20	40	60	80	100
食塩（g）	35.6	35.8	36.3	37.1	38.0	39.3
ホウ酸（g）	2.8	4.9	8.9	14.9	23.5	38.0

[解説]

60℃　水 300 g　ホ 14.9 × 3 = 44.7 g とかした

20℃　水 200 g　ホ 4.9 × 2 = 9.8 g までとける

とけきれなくなったのは

$44.7 - 9.8 = 34.9$ g

［解答］34.9 g

となります。はじめ水は 300 g でしたが、100 g 蒸発させたので 20℃のときは 200 g になっています。途中の水 100 g 蒸発はかかなくてもかまいません。**はじめと最後の状況だけ整理**すればＯＫです。

［問題 4］

80℃の食塩の飽和水溶液が 414 g あります。これを 20℃にするととけきれずに出てくる食塩は何 g ですか。

水温（℃）	0	20	40	60	80	100
食塩（g）	35.6	35.8	36.3	37.1	38.0	39.3
ホウ酸（g）	2.8	4.9	8.9	14.9	23.5	38.0

［解説］

これは

80℃　水 414 g …と かいてはいけません。414 g は飽和水溶液の重さ、つまり水と食塩合計の重さです。水の重さは分かっていません。この場合はまず、水 100 g ならどうなるのかかいて整理していきます。

80℃ 水100g 食38g 全体138g
80℃ 水□g　食△g 全体414g ♪×3

80℃ 水300g 食114g 全体414g

全体が 3 倍の重さになっているので水の重さが 300 g と分かります。水の重さが分かればその後は簡単です。

80℃　水 300 g　食 114 g とけている

20℃　水 300 g　食 35.8 × 3 = 107.4 g までとける

とけきれずに出てくるのは

$114 - 107.4 = 6.6$ g　です。

［解答］6.6 g

濃度を求めるときの注意ポイント

理科の問題で濃度を問われたときは注意が必要です。

[問題5]

60℃の水100gに食塩をとけるだけとかしたときの濃度は何％ですか。小数第2位を四捨五入して小数第1位まで求めなさい。

水温（℃）	0	20	40	60	80	100
食塩（g）	35.6	35.8	36.3	37.1	38.0	39.3
ホウ酸（g）	2.8	4.9	8.9	14.9	23.5	38.0

[解説]

まずは表を見て整理しましょう。

60℃　水100g　食37.1gとかした

これを37.1÷100…とする生徒が一定数います。違いますね。

食塩水の濃度＝食塩÷食塩水

食塩水全体の重さで割らなくてはいけません。

37.1÷137.1 = 0.2706…→27.06…％→27.1％　になります。

[解答] 27.1％

算数で濃度が登場するとき、水の重さが示されていることはあまりありません。食塩水（全体）の重さや食塩の重さに焦点が置かれます。理科では水の温度と水の重さによってとける量が決まるため、**水に重点**が置かれます。そのため、食塩水（全体）の重さは自分で意識して求めなくてはいけません。

また、割り算のときにも引っかかる生徒が続出です。

37.1÷137.1 = 0.27…　「小数第2位を四捨五入」と書かれているのでここで割り算をやめてしまうのです。

答えは％で問われているので**小数第2位というのは％にしたときの小数第2位**のことです。つまり、**割り算は小数第4位まで出さなくてはいけません**。「そこまでしなくちゃいけないの？」と驚く子もいます。

はじめに 100 をかけて

$37.1 \times 100 \div 137.1 = 3710 \div 137.1$

としてから計算するのも手です。

[問題6]

60℃の水 236 g に食塩をとけるだけとかしたときの濃度は何％ですか。小数第 2 位を四捨五入して小数第 1 位まで求めなさい。

水温（℃）	0	20	40	60	80	100
食塩 (g)	35.6	35.8	36.3	37.1	38.0	39.3
ホウ酸 (g)	2.8	4.9	8.9	14.9	23.5	38.0

[解説]

「う…面倒」と思いましたか？　それとも「あれ？…さっき」と思いましたか？

60℃　水 236 g　食 37.1 × 2.36 ＝…

と、しなくてよいです。答えは 27.1％。問題 5 で求めました。

同じ物質、同じ温度の飽和水溶液なら濃度は同じです。

水の重さととけている物質の重さの比が同じだからです。

例を示しておきます。

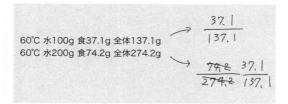

[解答] 27.1％

飽和水溶液（とけるだけとかした水溶液）なら水の量が変わっても濃度は同じですから、水 100 g で計算するのがラクです。

知っているとラク！　解法知識

溶解度には地道に解くととても大変な問題があります。知っておくと少しラクに解ける方法がありますので 2 つほど紹介します。

[問題 7]

80℃のホウ酸の飽和水溶液が 100 g あります。これを 20℃にするととけきれ
ずに出てくるホウ酸は何 g ですか。小数第 2 位を四捨五入して小数第 1 位まで
求めなさい。

水温（℃）	0	20	40	60	80	100
食塩（g）	35.6	35.8	36.3	37.1	38.0	39.3
ホウ酸（g）	2.8	4.9	8.9	14.9	23.5	38.0

［解説］

80℃　水 100 g…

ではありませんね。100 g なのは水ではなく水溶液全体の重さです。［問題 4］
とよく似ています。違うのは…

```
80℃ 水100g ホ23.5g 全体123.5g   ×  700   1000 : 200
80℃ 水□g   ホ△g    全体100g       ───  ─────
                                123.5  123.5  247
```

［問題 4］のときはすっきりと 3 倍だったのに対し、今回は $\dfrac{200}{247}$ 倍という面倒な
数になっています。このまま水やホウ酸の重さを求めると…

$$水 \quad 100 \times \frac{200}{247} = \frac{20000}{247} \, g$$

$$ホ \quad 23.5 \times \frac{200}{247} = \frac{4700}{247} \, g$$

80℃　水 $\dfrac{20000}{247}$ g　ホ $\dfrac{4700}{247}$ g をのこした

20℃　水 $\dfrac{20000}{247}$ g　ホ $\dfrac{?}{0}$ g までとける

20℃　水 100 g　ホ 4.9g までとける

水 $\dfrac{20000}{247}$ g　ホ $4.9 \times \dfrac{200}{247}$　までとける

$$\frac{4700}{247} - \frac{980}{247} = \frac{3720}{247} = 15.06\cdots$$

大変…

こんな感じになります。計算力がとても高いならやってもよいですが、多くの受験生にとってはつらい計算だと思います。

そこで解法知識！ **水 100 g でいったんとけきれずに出てくるホウ酸の値を求めて**しまいます。

80℃　水 100 g　ホ 23.5 g とかした

20℃　水 100 g　ホ 4.9 g までとける

23.5 － 4.9 ＝ 18.6 g 出てくる…これは水が 100 g →水溶液全体が 123.5 g のときの結晶です。

今、飽和水溶液は 100 g ですから

$$18.6 \times \frac{200}{297} = 15.8\cdots \rightarrow 15.1 g$$

15.1 g と出ました。

[解答] 15.1 g

それでも面倒！　と思いましたか？　そこは頑張ってください。面倒な計算を 1 回だけにする、という解法です。

[問題 8]

80℃の食塩の飽和水溶液 250 g を加熱して水を 50 g 蒸発させ、80℃に戻しました。とけきれずに出てきた食塩は何 g ですか。

水温（℃）	0	20	40	60	80	100
食塩（g）	35.6	35.8	36.3	37.1	38.0	39.3
ホウ酸（g）	2.8	4.9	8.9	14.9	23.5	38.0

[解説]

また面倒そう…と思ったでしょうか？　これは、とてもラクに解けます。80℃の飽和水溶液から水を蒸発させたので、蒸発させた 50 g の水が（担当して）とかしていた食塩が（担当の水がいなくなって）出てくるのです。

よって

80℃　水 100 g　食 38 g

80℃　水 50 g　食 $38 \times \dfrac{1}{2} = 19$ g　でＯＫ！

［解答］19 g

はじめに出ている飽和水溶液の重さは全く使いませんでしたね。

この解法は「飽和水溶液」の水を蒸発させたときで「はじめと最後の温度が同じ」ときに使える解法です。飽和していない水溶液や［問題3］のように温度が変わるときには使えません。

2-4 種子と卵のつくり

胚とは？〜種子と卵の共通点〜

植物の種子と動物の卵はよく似たつくりをしています。どちらも次世代へ生命を
つなぐ役割をしています。同じ役割をしていますから似ていて当然ともいえます。

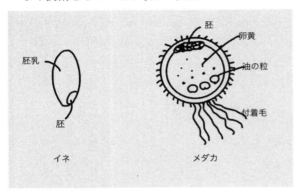

胚はイネでは根、茎、葉…植物本体になるところ
メダカではメダカになる…動物本体になるところ　です。
メダカの胚は平べったい形状をしているため胚盤とも呼ばれます。
まとめると、その**生物本体になるところが胚**です。
イネの種子には**胚乳**があり、**胚が育つための栄養分**をたくわえています。
メダカの卵には**卵黄や油の粒**があり、こちらも**胚が育つための栄養分**を
たくわえています。
どちらも本体になる部分は小さく、栄養分がほとんどを占めます。子（胚）があ
る程度育つまで親が栄養分（お弁当）を持たせたようなつくりになっています。

見た目で考えるとだまされる

もう少し詳しく見ていきましょう。イネと同じ有胚乳種子（胚乳を持っている種

子）のなかまにカキがいます。イネとの違いは胚の中身が発達しているところです。

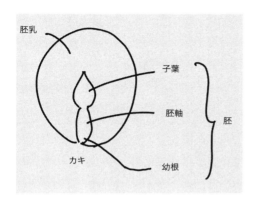

カキの胚は

子葉…一番初めに出る葉

胚軸…茎になるところ

幼根…根になるところ

に分かれています。イネの種子にもそれぞれがありますが、見えないので全体を胚と呼んでいます。

さて、ややこしいのがここから。無胚乳種子の登場です。その名の通り、胚乳がありません。それでは発芽のための栄養分がないのでは？…それはさすがにありません。

このタイプの植物は子葉、つまりいちばん初めに出る葉に栄養分をたくわえさせます。本来葉であるところを肥大化させるのです。動物で例えるなら、体の一部を太らせた状態で生むような感じです。

1年生のときのアサガオの観察で、アサガオの子葉（双葉）は本葉と違って分厚かったことを覚えているでしょうか？　栄養分をたくわえているから分厚いのです。特に分かりやすく子葉を太らせているのがマメのなかまです。エダマメがいちばんよく見かけるでしょうか？　あの食べる部分、ぷりっとしたところが子葉なのです。まるで葉には見えない太りっぷりですね。子葉（双葉）である証拠に

2個くっついていますね。

代表的なインゲンマメの図を載せます。

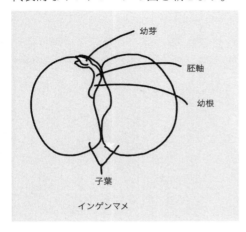

上の方に見える小さい葉は幼芽（ようが）…子葉ではなく、発芽後本葉になるところです。

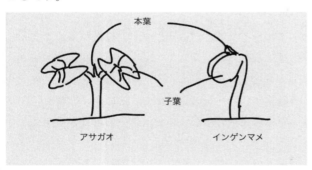

さて、ここで問題を解いてみましょう。

[問題1]
次の図の種子のうち、胚はどこですか。ア～スからすべて選んで記号で答えなさい。

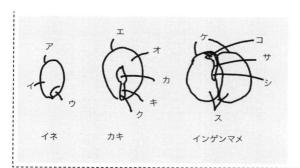

[解説]

これはよくある問題なので知っているでしょうか？

イネのウ、カキのカ・キ・クは分かりやすいですね。インゲンマメをコ・サ・シと答えてはいけません。

インゲンマメの種子のスは子葉ですから、植物本体になるところ＝胚に含まれます。見た目で選んではいけません！　スを入れ忘れないようにしましょう。

[解答] ウ、カ、キ、ク、コ、サ、シ、ス

[問題 2]

次の種子のうち、発芽のための栄養分をたくわえているところはどこですか。ア〜スからすべて選んで記号で答えなさい。

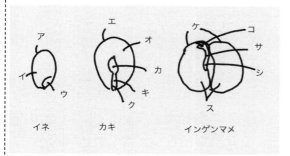

[解説]

イネでは胚乳のイ、カキも胚乳のオ、インゲンマメは子葉に栄養分をたくわえます→ス。種子は、大部分が栄養分です。

これは見た目通りなのですが、[問題1] のような問題で引っかかった経験があると悩んだりします。

[解答] イ　オ　ス

有胚乳種子と無胚乳種子

入試や模試では植物名で有胚乳種子か無胚乳種子か判断できなくてはいけません。つまり覚えなくてはいけません。植物の苦手な大多数の受験生にとっては、なかなか大変です。

レベル別に分けます。

レベル1（最低限）
有胚乳種子…イネ、トウモロコシ、カキ
無胚乳種子…インゲンマメ、アサガオ、ヘチマ

レベル2（中級）
有胚乳種子…単子葉植物（イネ、ムギ、トウモロコシなど）とカキ、ホウレンソウ、オシロイバナ、マツ
無胚乳種子…その他の双子葉植物（インゲンマメ、アサガオ、ヘチマ、アブラナなど）

レベル3（上級）
有胚乳種子…単子葉植物、裸子植物（マツ、スギ、ヒノキ、イチョウ、ソテツ）、一部の双子葉植物（カキ、ホウレンソウ、オシロイバナ、トマト）
無胚乳種子…その他の双子葉植物
レベル3は植物の分類がある程度覚えられている生徒向けです。

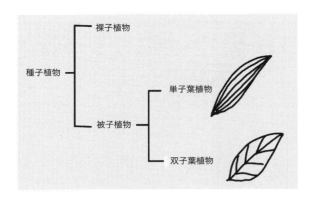

子葉が地中に残るもの

発芽の様子を選択する問題も出題されます。子葉は本来葉なので地上に出るのが普通です。

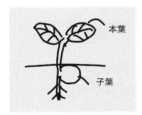

しかしまれに地中に残るものがいます…本来のつくりである葉から離れて、栄養分をたくわえることに特化してしまい、持ち上げるのも重いので地中に残るように進化したのかもしれません。

その仲間が

アズキ、エンドウ、ソラマメ、クリ…アズキのエンソク、という語呂合わせがメジャーです。

覚えることが多く、例外も多いのでとても大変な単元です。テキストのはじめの方に出てくるので基本と考える保護者の方も多いですが、基本と呼べる内容ではありません。苦手な受験生が多い単元です。油断しないようにしましょう！

3　手がかりが見つけにくい問題〜天体〜

天体が苦手、という受験生は多いです。何が苦手なのか？

空間的な動きを考えなくてはいけないので理解しにくい、図の見方が難しい、などいくつかあるとは思います。中でも多いのが、基本は分かるけれども応用になると途端に分からなくなるというタイプです。

応用問題になったとき問題文の中にある情報のさがし方・使い方が難しい…これが天体の問題の難しさのメインです。何をしていいか分からなくなるため「全然分からない！」という印象を生みがちです。そこを整理していこうと思います。

3-1　絶対にマスターすべき図

天体の問題で絶対にマスターすべき図は下のようなものです。太陽の光が当たっている地球の図。北極の上から見た図です。この図に時刻をかき込めるようになりましょう。

日本は北半球にあるので、図の位置を反時計回りに回っています。0時（真夜中）または12時（正午）が考えやすいと思います。ここを先にかき込んであとは反時計回りに時刻を進めて6時（朝）と18時（夕方）をかき込みます。

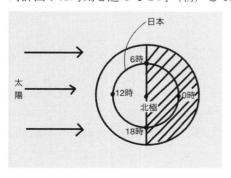

簡略化して円周上（赤道）に時刻をかき込んでも全く問題ありません。

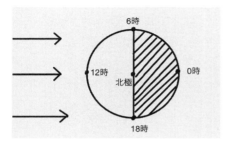

次に、方位をかき込めるようになりましょう。

天体では観測する時刻が重要になります。

時刻を確認して、その場所で方位をかきましょう。例えば朝なら6時のところ
で方位をかきます。

6時の点を中心に十字をかき、方位をかき込みます。**北極のある方が北！**

→北を決めてから他をかくのがよいでしょう。

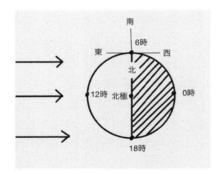

真夜中の方位なら下のようになります。

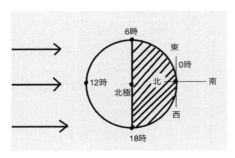

さらに、21 時の方位なら下のようになります。

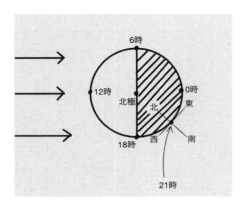

ポイントをまとめます。

観測する時刻によって地球上の位置が決まる
→そこで方位をかく（北極のある方が北）
朝、明け方、日の出ごろ→ 6 時
夕方、日の入りごろ→ 18 時

これを使ってさまざまな天体の動きを考えていきます。

3-2 太陽

まずは一日の太陽の動きを基本の図で確認しましょう。

この図で、地球の自転により太陽が東→南→西と動いて見えることが確認できます。

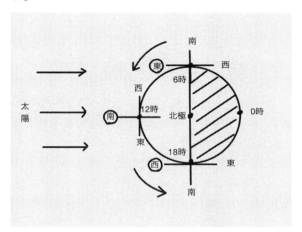

朝の方位を考えると図の6時のところになります。太陽は東に見えますね。その後地球が反時計回りに自転すると、図のように正午には太陽が南に、夕方には西に見えることが分かります。

すべてにつながるたてと横～緯度と経度～

基本はそんなに難しくない太陽という単元、実はかなり難しい応用問題が作れる単元でもあります。応用に対応するために重要なのは緯度と経度です。

緯度は地球を横から見たときの赤道からの角度です。

北緯40度なら赤道から北に40度離れた地点という意味です。

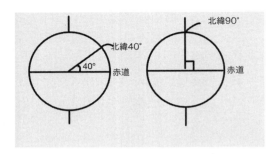

北極の緯度は…北緯 90 度、赤道は…北緯 0 度（南緯 0 度）になります。
北緯は北へ行くほど大きくなります。

経度は地球を北極の上から見て、ロンドンの旧グリニッジ天文台から東（または
西）に何度離れているかを表しています。

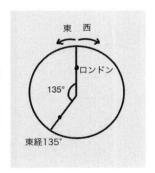

こちらは「**東へ行くほど東経が大きくなる**」ことをしっかり覚えておけ
ば大丈夫です。

さて、太陽の単元では緯度で決まるものと経度で決まるものがあります。

緯度（南北）で決まるものは

南中高度と昼の長さです。

南中高度の公式は有名ですね。

春分・秋分の日＝ 90 －その土地の緯度

夏至の日　　　　＝ 90 －その土地の緯度＋ 23.4

冬至の日　　　　＝ 90 －その土地の緯度－ 23.4

ここで問題！

［問題 1］
夏至の日、秋田と東京ではどちらの南中高度が高くなりますか。

［解説］

公式に秋田（北緯約 40 度）と東京（北緯約 35 度）の北緯を入れてみればよいでしょう。

秋田…90 － 40 ＋ 23.4 ＝ 73.4 度

東京…90 － 35 ＋ 23.4 ＝ 78.4 度

東京の方が高いですね。

［解答］　東京

この問題は夏至でしたが、別の日だったらどうなるか確認してみましょう。

	秋田	東京
春分・秋分…	50 度	55 度
夏至………	73.4 度	78.4 度
冬至………	26.6 度	31.6 度

いつでも東京の方が南中高度が高いことが分かります。北回帰線をまたぐとややこしくなるのですが、日本の国土はほとんどが北回帰線（北緯 23.4 度）よりも北にありますので**南ほど南中高度が高い（いつでも）**といえます。

太陽か高いと地面があたたまりやすくなることからも、「南ほど南中高度が高い」はしっくりきやすいのではないでしょうか。

次に昼の長さの話に移ります。

図で考えてみましょう。下の図は太陽の方に地軸が傾いているので夏です。

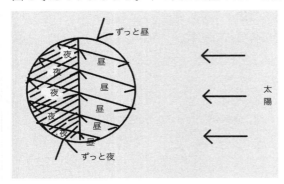

図のように、夏は北ほど昼が長くなります。北極付近がずっと昼になることを考えると分かりやすいでしょう。冬はその逆です。

高緯度地方（日本では北の地方）ほど夏は昼が長く、冬は昼が短く、昼の長さが極端に変化することになります。

昼の長さは…夏は北ほど長く、冬は南ほど長く、春分・秋分はどこでも同じ　です。

> **［問題2］**
> 5/20に札幌と福岡で昼の長さを比べるとどちらが長いですか。

［解説］

5月は6月に近いので夏と同じと考えればよいでしょう。夏は北ほど昼が長いので、北にある札幌のほうが昼が長いと判断できます。

［解答］　札幌

ここで確認！

春分　3/21　頃

夏至　6/22　頃

秋分　9/23　頃

冬至　12/23　頃

春分を過ぎて秋分の前まで（3/22〜9/22）が夏扱い→北ほど昼が長くなります。

南の方があたたかいため、昼も長いのでは？ という感覚がある小学生もいるので、しっかり理解しておきたいところです。

昼が長いのになぜ札幌の方が気温が低いのか？ 太陽高度が低いからです。いくら長い時間太陽が出ていても、高度が低いとあまり地面はあたたまりません。

下の図は、日光を等間隔の線で表しています。地面に対して垂直に当たると4本の光が地面に当たっていますが、斜めになると同じ面積のところに3本の光しか当たっていません。

このように、太陽高度が高いほど同じ面積に当たる光の量が多くなるため、地面があたたまりやすくなります。

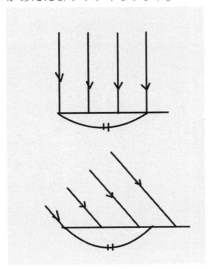

次に**経度で決まるもの**を考えます。**南中時刻**です。

地球は西から東に自転しているため、太陽は見かけ上東から西に動きます。

よって**南中時刻は東ほど早く**なります。

さてここまでくると、地図から場所を判断する問題が解けるようになります。

[問題3]

次の表の①～④の地点は地図のA～Dのどの地点になるか答えなさい。

地点	日の出の時刻	日の入りの時刻
①	6：50	16：38
②	7：17	17：05
③	7：00	16：52
④	7：00	16：24

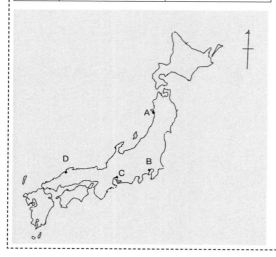

[解説]

まず東西を判断するために南中時刻から求めてみましょう。

① (6：50 + 16：38) ÷ 2 = 11:44

② (7：17 + 17：05) ÷ 2 = 12:11

③ (7：00 + 16：52) ÷ 2 = 11:56

④ (7：00 + 16：24) ÷ 2 = 11:42

※この計算をするときのポイント！

　　○：△の**両方を偶数にしてから2で割る**とラクです。

　　たとえば①だったら 22:88 を繰り上げて 23:28 にすると割りにくいので繰り
　　上げせず割り算をしましょう。

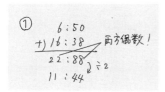

④なら 23:24 だと割りにくいので、1 時間繰り下げてから割り算…という具合
です。

東ほど南中時刻が早いので
①と④がいちばん東…AまたはB
③は真ん中…C
②はいちばん西…Dです。

次に南北を判断します。
昼の長さを出しましょう。
① 16：38 − 6：50 ＝ 9 時間 48 分
④ 16：24 − 7：00 ＝ 9 時間 24 分
昼が 12 時間より短いので、季節は冬だと分かります。よって、北ほど昼が短い！
④の方が昼が短いので北にあるAになります。
これで決定です。
［解答］ ① B ② D ③ C ④ A

このように、東西を南中時刻で、南北を昼の長さ（または南中高度）で判断して、
絞り込んでいきます。
もう一度まとめておきます。

東ほど南中時刻が早い（いつでも）

南ほど南中高度が高い（いつでも）

夏は北ほど昼が長い（冬は北ほど昼が短い）

※この手の問題を解く際、1～2分程度のずれは無視して、他の条件で絞り込んだ方が
よいです。

　また、計算が面倒だからと日の出や日の入りの時刻で東西を判断するのは危険です。
春分や秋分に近い時期ならどこでも昼の長さが同じくらいなので問題ありませんが、
前ページの問題のように冬や夏の場合は昼の長さによる影響が大きいため、ずれてい
きます。

　前ページの問題の③と④は日の出の時刻がどちらも7：00ですが、南中時刻は③
11：56と④11：42で、④の方がだいぶ東にあることが分かります。

こんな風に組み合わせて考える～応用実戦～

それでは、少し難しい問題を紹介します。

[問題4] やや難

ある日東京で地面に垂直に立てた棒のかげの先端を記録すると図の位置になり
ました。那覇で同じ時刻に棒のかげを記録できたとすると、かげの先端は図の
A～Dのどの範囲にきますか。

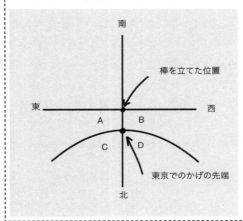

［解説］

少し難しいですね。

まず那覇が東京より南・西にあることがポイントです。

南にある→太陽高度が高い→かげが短い→AまたはB

西にある→南中時刻が遅い→東京で南中しているとき、太陽はまだ南中していない、太陽は東にある→かげは西→B

となります。緯度（南北）と経度（東西）でひも解いていくイメージがついてきたでしょうか？

［解答］　B

［問題 5］

3/23 に札幌と福岡で日の出の時刻を比べるとどちらが早いですか。

［解説］

これは単純に、より東にある札幌です。

ただ、これを単純に考えてよいのは春分の日だからです。昼の長さがどこでも約12 時間のため、日の出はどこでも南中の約 6 時間前になります。よって南中の早い札幌が日の出の時刻も早くなります。

これが夏なら、札幌の方が昼が長いので日の出もさらに早くなります。

［解答］　札幌

［問題 6］

11/20 に札幌と福岡で日の出の時刻を比べるとどちらが早いか考え、次のア〜ウから選びなさい。

　　ア　札幌が早い　　イ　福岡が早い　　ウ　判断できない

［解説］

11 月は冬に近いと判断します。…北にある札幌は昼がより短くなります。そのため日の出は遅くなります。

東西で考える→東にある札幌の方が日の出が早い

南北で考える→南にある福岡の方が昼が長いので日の出が早くなる

…この条件だけでは判断がつきません。

［解答］ウ

［問題 7］

次の表にある〇月は図のどの区間になりますか。次のア〜エから選びなさい。

	日の出	日の入り
〇月 15 日	5：12	18：06
〇月 20 日	5：09	18：08

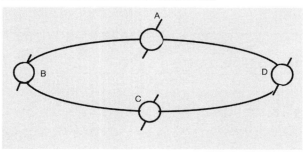

　　ア A〜B　イ B〜C　ウ C〜D　エ D〜A

［解説］

日の出と日の入りから季節を考える問題です。

日の出と日の入りから分かるのは昼の長さと南中時刻です。季節を判断するのに必要なのは昼の長さ…ということは分かるでしょう。

15 日の昼の長さは　18:06 − 5:12 ＝ 12 時間 54 分

昼が 12 時間より長いので夏の期間（A〜B〜C）と分かります。

次に 20 日の昼の長さを考えます。　18:08 − 5:09 ＝ 12 時間 59 分

15 日より昼が長くなっています。ということは夏至に近づいていっている→A〜Bのアとなります。

［解答］ア

表で 15 日と 20 日の 2 日分の情報が載っているのには重要な意味があります。昼が長くなっているか短くなっているかの変化を見るためなのです。

20日の方は、日の出が早くなっている/日の入りが遅くなっている　ことで夏に近づいていることが判断できれば昼の長さを計算しなくてもOKです。

[問題8] やや難

関東地方のA市（東経139度　北緯35度）である日、地面に垂直に棒を立てて太陽が南中したときに影の長さを測ると、棒の長さと同じになっていました。

(1)　南中高度を求めなさい。

(2)　ある日を次のア～エから選びなさい。

ア 12月23日　イ 2月23日　ウ 4月23日　エ 6月23日

(3)　次に太陽が南中したときの高度が（1）と同じになるのは、この日からおよそ何か月後ですか。次のア～エから選びなさい。

ア 6か月後　イ 8か月後　ウ 10か月後　エ 12か月後

［解説］

(1) 図をかけるかがポイントです。棒の長さと影の長さが等しいので…

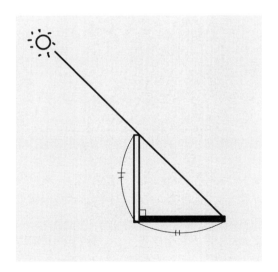

見えましたか？　直角二等辺三角形ですね。45度です。

(2) 南中高度が45度になるのはいつでしょうか？

求められる南中高度を確認します。北緯 35 度なので

春分（3 月）秋分（9 月）…90 − 35 ＝ 55 度

これよりも低いので冬に近いはずです。アの 12 月かイの 2 月。

冬至（12 月）は…90 − 35 − 23.4 ＝ 31.6 度

12 月では低すぎるので 2 月ですね。イ。

(3) (2)から、2 月→春分（3 月）の 1 か月前に 45 度になった、と分かりました。

春分より 1 か月冬寄りです。

秋分（9 月）の…1 か月後ですね！ 南中高度が秋分より低いので冬寄りにしなくてはいけません。よって 10 月→ 8 か月後です。イ。

［解答］(1) 45 度　(2) イ　(3) イ

このように、太陽の通り道が同じになるのは何月ですか / 何か月後ですか　という問題もよく登場します。

図で太陽の通り道を見てみましょう。

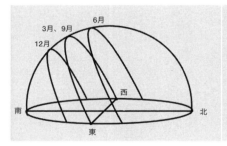
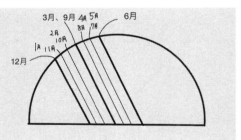

意外な組み合わせもあったのではないでしょうか？ 4 月と 8 月が同じ…8 月の方が暑いので太陽も高そうなイメージです。太陽は地面をあたため、その熱が空気に伝わるので、気温の変化は少し遅れます。気温は少し前（約 1 〜 2 か月前）の太陽の高さによって決まるのです。4 月の 2 か月前は 2 月、8 月の 2 か月前は 6 月なので、その日の太陽の通り道が同じでも 8 月の方がずっと暑くなります。

[問題 9]

次の表は東京で観測したある日の記録です。

日の出の時刻	日の入りの時刻	最高気温
5：45	17：52	13.2℃

ある日を次のア〜エから選びなさい。

ア 3月20日　イ 5月20日　ウ 9月20日　エ 11月20日

[解説]

昼の長さを求めると 12 時間 7 分。これは約 12 時間とみなしてよいので 3 月か 9 月です。どちらか？ 判断材料は気温ですね。13.2℃。結構寒いです。3 月と 9 月で寒いのは…先ほどの話をふまえて 3 月です。

[解答] ア

この問題、前の誘導がなければ間違える生徒が相当数います。

春→あたたかい季節、秋→涼しい季節　と覚えているからです。

本当は春→あたたかくなっていく季節、秋→涼しくなっていく季節です。大人のみなさんは 1 年というサイクルを実感していて、3 月はまだ肌寒いとか、9 月はまだ暑い（夏服）などの経験やイメージがあるかもしれませんが、小学生にとって 1 年はものすごく長い期間です。そのため、半年前の気温を覚えている子はあまりいません。さらに暑がりな子も多いため、感覚的には難しいようです。

3-3 星

星自体は動かない

星は天体の動きの中でいちばん簡単です。なぜなら**地球の動きだけを考えればよいからです**。星（夜空の星座をつくる恒星）は地球からとても離れたところにあるため、星自体の動きは地球からではほとんど分かりません。

星(恒星)の動きは地球の動き、つまり地球の自転と公転だけ考えればよいのです。

地球の公転は 1 年（12 か月）で 360 度なので

1 か月で 30 度

地球の自転は 1 日（24 時間）で 360 度なので

1 時間で 15 度

東から西に動いていきます。

南の空は東→南→西（時計回り）/ 北の空は反時計回りと覚えてもよいですが、なぜ反対なのだろう？ と思ったことはないでしょうか？ それは下の図で説明できます。

南の空や北の空の星の動きは地球上にいる観測者（真ん中にいる人）から見た星の動きです。図の真ん中に入ったつもりになって南や北の空を想像してください。図のようになっているのが分かったでしょうか？

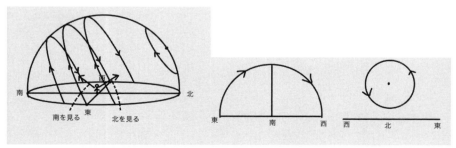

さて、典型的な星の動きの問題を考えてみましょう。

[問題 1]

図は北の空です。5/15 の 20 時に A の位置にあった星は 9/15 の 18 時にはどこにくるでしょうか。

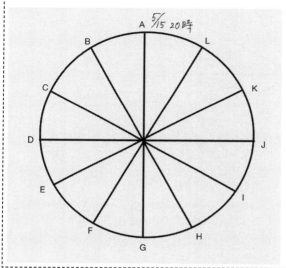

[解説]

このタイプの問題で苦戦する子はいくつかある情報を把握しきれないか、いっぺんに考えようとしていることがほとんどです。

北の空では反時計回りに星が動きます。

1 か月 30 度

1 時間 15 度

① 時刻を固定して日付を考えます。つまり 9/15 の 20 時にどこにあるのか考えます。

1 か月 30 度ですから、4 か月後の 9 月には E の位置にきます。

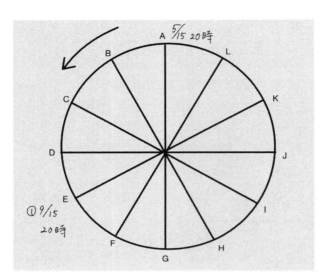

② 次に時刻を考えます。20時にEの位置にあるので同じ日の18時だったら、2時間分

　　$15 \times 2 = 30$ 度戻ればOKです。→D

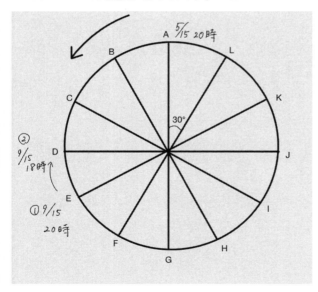

［解答］　D

このとき注意すべきことは

・1か月は30度なので1つ分、1時間は15度なので2時間で1つ分

・日付や時刻が進んでいる（反時計回り）か戻っている（時計回り）か

・日付と時刻をいっぺんに考えない

日付を考えるときは時刻を変えず　5/15 20時→ 9/15 20時

時刻を考えるときは日付を変えない　9/15 20時→ 9/15 18時

時刻から先に動かしてもよいですが、そのときは日付を変えないように！

進む向きを間違えやすい場合は解く前に**進む向きを矢印でかいておく**とよいです。

[問題2]

図は北の空です。5/15 の 20時に A の位置にあった星が 9/15 に A にくるのは何時ですか。

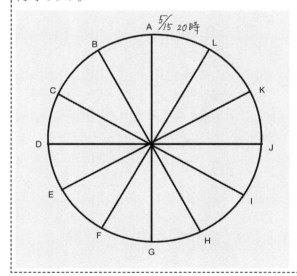

[解説]

まず、指定されているのが日付なので日付を動かしましょう。

① 9/15 の 20時に E にくることが分かります

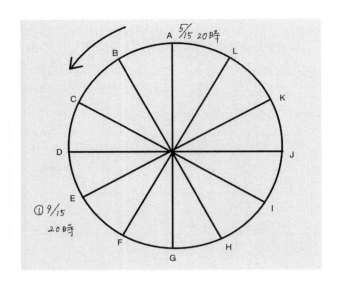

② Aにするには4つ分、30 × 4 ＝ 120度戻さなければいけません。

120 ÷ 15 ＝ 8

8時間戻すので   20 － 8 ＝ 12時   となります。

戻るのが嫌な場合は8つ分   30 × 8 ＝ 240度進めてもかまいません。

240 ÷ 15 ＝ 16   20+16 ＝ 36   36時は   次の日の36 － 24 ＝ 12時です。

次の日になってしまいましたが、1日では1度（30日で30度なので）しか

ずれないので気にしなくてOKです。

［解答］12時

［問題3］
ある日の20時に星Aが南中していました。1か月後に同じ位置に星Aを観察
するには何時に見ればよいですか。

［解説］

図がなくて意地悪な問題です。図をかくと次のようになります。

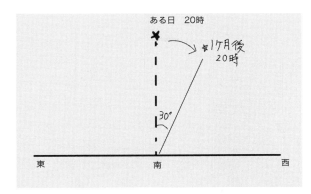

まず1か月後の20時に星は30度進んでいます。

同じ位置にくるには30度戻さなければ→2時間戻す→18時、となります。

［解答］18時

この問題が解けない子はいっぺんに答えまでいこうとしていることがほとんどです。重要なのは**方針が完全でなくても、できるところまでやってみる**ことです。

この問題の情報は「20時」と「1か月後」だけです。とりあえず1か月後の20時のことを考えてみます→30度進んだ…あ！　戻せばいいのか！　と、気付けたりするのです。

自分で図をかいてみるのも有効です。

季節によって見える星座が変わる理由

季節の星座がありますね。夏は夏の大三角やさそり座、冬は冬の大三角やふたご座、などです。このように季節によって見える星座が変わるのは地球が公転しているからです。

図のように地球が公転すると夜によく見える星座が変わっていきます。

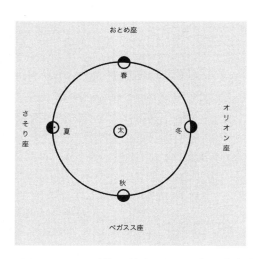

そしてここで天体の基本の図！ 春の真夜中なら図のような方位になります。南におとめ座、東にさそり座、西にオリオン座が見えます。

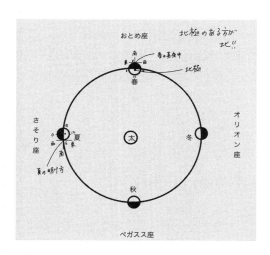

夏の明け方も同じ図にかき込んでいます。南にペガスス座、東にオリオン座、西にさそり座です。

この図を使いこなしてみましょう。

[問題4]

(1) 秋の真夜中に東に見える星座は何ですか。

(2) 冬の明け方、おとめ座はどの方位の空に見えますか。4方位で答えなさい。

(3) さそり座が明け方に南に見えるのはいつですか。

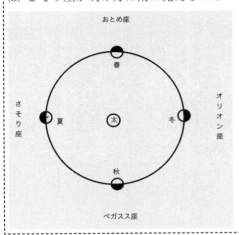

［解説］

(1) 秋の真夜中で方位をかきます。

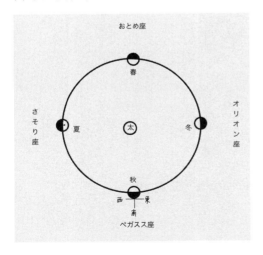

東に見えるのは…オリオン座ですね。

※図では北東になってしまっていますが、星座はとても遠くにあるため「東」と見て
　OK です。

(2) 冬の明け方で方位をかきます。

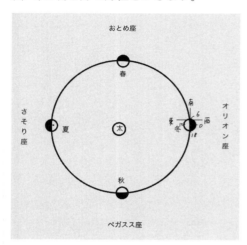

おとめ座は南に見えます。

(3) 春夏秋冬すべての明け方の位置で方位をかきます。

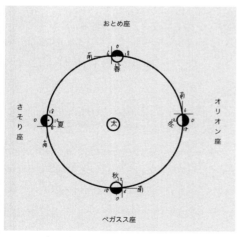

さそり座が南に来ているのは…春です。

［解答］

(1)　オリオン座　(2)　南　(3)　春

また、北の空の星座が1年中見えるのは図のような位置にあるからです。

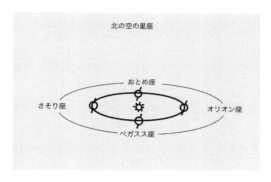

地球がどの位置にきても（どの季節でも）見えますね。

3-4 月

月の公転図の利用法

まず、月の公転図から月の形が判断できるようになりましょう。

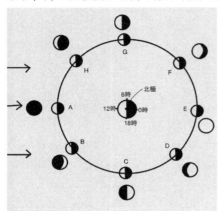

典型的な問題を考えていきます。

[問題1]

夕方、南西の空に見える月の位置をA〜Hから選びなさい。また形をア〜クから選びなさい。

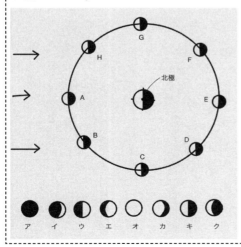

［解説］

天体の基本の図です！　夕方なので、18時のところで方位をかきます。北極のある方が北！

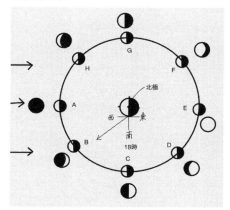

南西に見えるのはBで三日月ですね。

夕方、というのは時刻、つまり方位をかく位置を表しています。

［解答］B　イ

［問題2］

真夜中に東の空に見える月の位置をA～Hから選びなさい。また形をア～クから選びなさい。

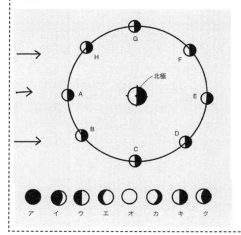

［解説］

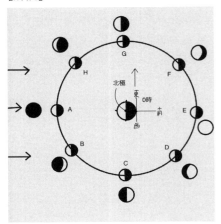

東に見えるのは G で下弦の月です。

［解答］G　キ

時刻によって方位をかく位置が決まることをしっかり理解しましょう。

[問題 3]

午前 3 時頃、南西の空に見える月の位置を A ～ H から選びなさい。また形を
ア～クから選びなさい。

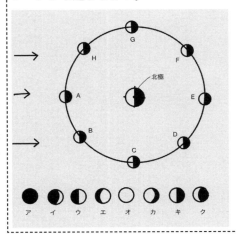

［解説］

そのまま図で考えてもよいです。午前3時の位置で方位をかきます。

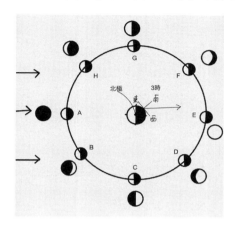

南西にはEの満月がありますね。

別解もあります。午前3時に南西ということは南中したのは3時間前、午前0時に南中すると判断できます。

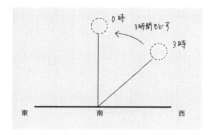

午前0時に南中するのはE、満月です。

［解答］E　オ

月はポイントが最多！　段階別に知識を増やそう

月のポイントはとてもたくさんあります。一気に理解するのも、覚えるのも大変ですので段階別に覚えていきましょう。

レベル 1	基本	理科が苦手でも覚えておきたい
レベル 2	標準	ここまでは知っておきたい
レベル 3	やや難	ここで差がつく！
レベル 4	難	上位校向け

テーマ1　　周期に関するもの

▶▶ レベル 1　　月の公転周期、自転周期、満ち欠けの周期を覚える

月の公転周期　27.3 日

月の自転周期　27.3 日

月の満ち欠けの周期　29.5 日

▶▶ レベル 2　　月の公転周期と自転周期が同じことから何が起こっているか？

月の公転と自転は周期が同じで、かつ**向きも同じ**です。このことから月はいつも地球に同じ面を向けています。

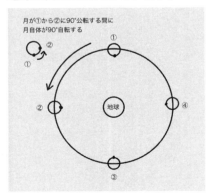

図のように、月は 90 度公転する間に 90 度自転します。これが続いていくため

月はいつも地球に同じ面を向けています。

逆に「**月がいつも地球に同じ面を向けている理由**」も答えられるようにしておきましょう。

「**月の自転と公転の周期と向きが同じだから**」です。

周期が同じでも向きが異なると、図のように裏が見えてしまいます。

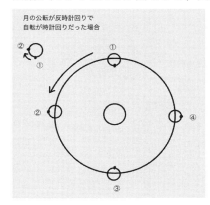

月の公転が反時計回りで
自転が時計回りだった場合

▶▶ レベル3　月の公転周期と満ち欠けの周期が異なる理由

月は27.3日で地球の周りを公転する、つまり地球に対して同じ位置に戻ってくるのに、何で同じ形に戻るまで（満ち欠け）の周期は29.5日なのか？

これは「**地球が太陽の周りを公転しているから**」です。

月が公転して同じ位置に戻ってきても地球が太陽の周りを公転しているので、太陽（光）の方向が変わっています。このため、同じ形になるまでには月にもう少し公転してもらわないといけません。

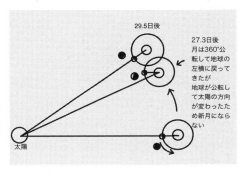

29.5日後

27.3日後
月は360°公
転して地球の
左横に戻って
きたが
地球が公転し
て太陽の方向
が変わったた
め新月になら
ない

太陽

▶▶ レベル4　月の満ち欠けの周期を計算で求める

前の事項の計算問題です。

月の公転周期を 27.3 日、地球の公転周期を 360 日として、月の満ち欠けの周期を求めましょう。

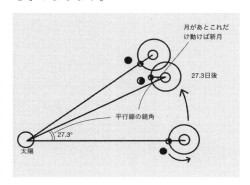

地球は 360 日で 1 回転ですので 1 日に　360 ÷ 360 ＝ 1 度公転します。

新月から考えて月が 360 度公転した 27.3 日後、地球は 27.3 度公転することになります。

月はあともう少し公転しないと新月になりません。この角度は…平行線の錯角で 27.3 度です。

月があと 27.3 度動けば新月になります。それに何日かかるか求めます。

月が 1 日に公転する角度を求めると

360 ÷ 27.3 ＝ 13.2…　約 13.2 度です。

ここでもうひとつ！　月が公転する間に地球も公転します。1 日に 1 度。どちらも反時計回りなので同じ向きです。旅人算ですね。

27.3 ÷（13.2 － 1）＝ 2.2…　あと 2.2 日で新月になることが分かりました。

よって月の満ち欠けの周期は 27.3＋2.2 ＝ 29.5 日、となります。

今回は満ち欠けの周期が 29.5 日になるようにしましたが、数値を変えて知識で解くと答えの値がずれるように作られる入試問題もあります。

▶▶ レベル2　毎日同じ時刻に観察すると…

月を毎日同じ時刻に観察すると 1 日に 12 度東にずれます。

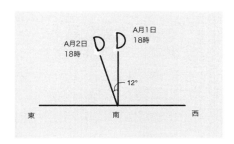

月は見かけ上 29.5 日（約 30 日）で同じところに戻ってきますので

1 日では…

30 日 → 360 度

1 日 → □度

360 ÷ 30 = 12 度　ずつずれていきます。

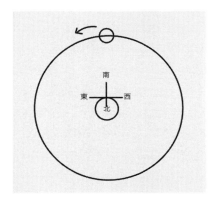

図で見ると、東にずれていくのがわかりますね。

このとき、ずっと月を観察していたとすると月は西に沈んでいき、次の日また東から出て、丸一日たつと 12 度東にずれている、といった様子になります（次ページの図参照）。すべての天体の動きの中で地球の自転による動き（天体が 1 時間に 15 度東から西に動いているように見える）がいちばんはやいです。

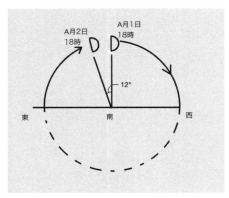

▶▶ レベル2　南中時刻

次の日、同じ時刻に見ると 12 度東にずれているので、あと 12 度西に動かない
と南中しません。これは 1 時間に 15 度東→西（地球の自転による動き）から考
えればよいので

60 分→ 15 度

□分→ 12 度

$$60 \times \frac{12}{15} = 48 \ （分）$$

月の南中時刻は毎日 48 分遅くなります。

テーマ2　日食・月食

▶▶ レベル1　どういう現象？　いつ起こる？

日食…日（太陽）が食われる→**太陽が月にかくされる**現象、**新月**のとき、**太陽 -
　　　月 - 地球** と並んだとき

月食…月が食われる→**月が地球の影（本影）にかくされる**現象、**満月**のとき、**太
　　　陽 - 地球 - 月** と並んだとき

まずは以上をしっかり覚えましょう！

▶▶ レベル2　どちら側から欠ける？

図で考えられた方がよいです。

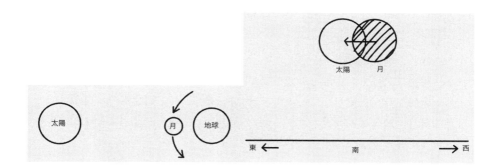

月は地球の周りを矢印の向き（反時計回り）に動くので、地球から見ると**月が太陽を右からかくす**ことが分かります。このとき、**西から欠ける**といえるとさらにレベルアップ（レベル3）です。

太陽は南の空に見えるので右＝西です。

月食の場合は下図のようになります。

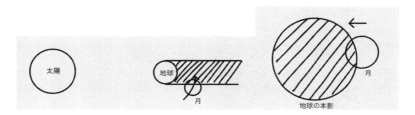

地球から見ると月が右から突入してきます→すると、月の左側から影に入るので**左（東）から欠けて**見えます。

ポイントはどちらも地球から見ることです。

どうしても難しい場合や、納得はできても毎回引き出すのが大変な場合は「みにひげ」…右日食・左月食という覚え方もあります。

▶▶ レベル3　欠け方のちがい

日食は欠けている部分の境目が**くっきり**、**月食**は**ぼんやり**しています。

日食は月が太陽をかくしています。月食は月に地球の影が映っています。

地球にあって月にないもの…大気（空気）のせいです。月には大気がないため端がくっきり、地球には大気があるためその影の端がぼやけているのです。

また、**日食**は欠けている部分の**カーブが急**、**月食**は**カーブがゆるやか**です。

日食は太陽を月がかくします。太陽と月の見かけの大きさはほぼ同じです。

月食では月が地球の影に入ります。地球の影と月では地球の影の方が大きいため、このようになります。

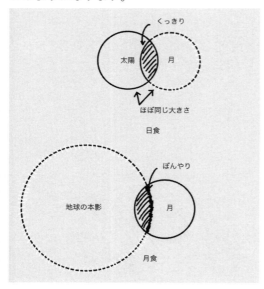

⯈ レベル3　一部？　どこでも？

日食は一部の地域でしか観察できず、その地域は移動するが、**月食は月が見えていれば地球上どこからでも同時**に観察できる。

少し難しいですね。

次の図のように日食は月の影に入った地域でだけ見られます。また、この影は月の公転によって移動するため、日食がみられるタイミングは場所によって変わります。

日食

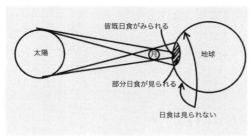

月食

一方月食は月自体が地球の影に入るため、月が図の位置にあるとき、A・B・C のどこから見ても部分月食です。

月自体が地球の影に入り始めたときが部分月食の始まり、月自体が全部地球の影に入ったら皆既月食、どこから見ても同時です。Dのように月自体が見えていない場所では見えないので、この問題には「月が見えていれば」のことわり書きがあります。

▶▶ レベル3 皆既日食と金環日食

どんなときに皆既日食/金環日食になるのか。

皆既日食   金環日食

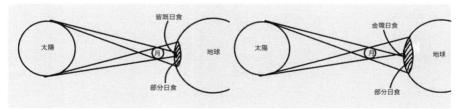

違いが分かりますか？ 金環日食の方は、太陽からの光が交差してから地球に当たっています。

また、月と地球の距離がかなり違うことも分かると思います。この図は大げさに

かいていますが、月と地球の距離は実際に 36 万 km から 40 万 km と、かなり変化しています。月は地球のまわりを円軌道ではなく楕円軌道でまわっているのです。このため、**月と地球の距離が近いとき**に日食が起こると（月が見かけ上大きく見えるため）**皆既日食**になり、**月と地球の距離が遠いとき**に日食が起こると（月が見かけ上小さく見えるため）**金環日食**になります。

▶▶▶ レベル 3　半影に入っても月食にはならない

月が地球の半影に入った場合、一部の光は月に届かなくなりますが一部の光は届きます。このため、月が地球の半影に入っても月食にはなりません。

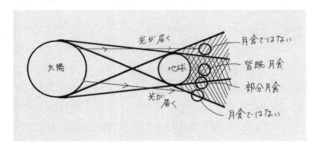

※厳密には少し月が暗くなり、半影食と呼ばれますが、中学受験では月食ではないと
　されることがほとんどです。

▶▶▶ レベル 3　皆既月食が赤く見える理由

皆既月食では月が完全に地球の影に入っています。このときの月は赤暗く見えます。

月が完全に地球の影に入ったのに真っ黒にならない…不思議ですね。

これは地球の大気による光の屈折が原因です。地球にある大気の粒がプリズムのような役割をするのです。

光の単元で、可視光（人の目に見える光）の中で、紫がいちばんよく曲がり赤がいちばん曲がらない…という内容は習っていますね。

太陽からきた光は大気で屈折します。屈折しやすい光は散乱もしやすいため、大気中で散乱してしまいます。（散乱…散らばること／原理は高校で習います）

赤は散乱しにくいため、生き残ります。そして大気の粒で少しだけ屈折して月に

届きます。

「地球の大気で屈折した赤い光だけが月に届くから」 と言えれば OK です。

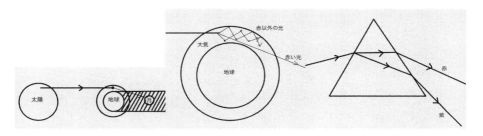

この光は太陽からの光が直接月に届いたものに比べてとても弱いため、部分月食の段階では地球の影の部分は真っ暗に見えます。直接の光が届かなくなるとやっと見えるのです。

▶▶ レベル4　毎回起こらない理由

新月のとき、毎回日食が起こるわけではありません。また、満月のとき毎回月食が起こるわけではありません。

これはなぜでしょうか？　月の満ち欠けの図を見た場合、毎回日食や月食が起こるのでは？　と考えてもおかしくはありません。

これを考えるには視点を変えなくてはいけません。地球が太陽のまわりを公転しているところを考えましょう。地球が太陽のまわりを公転する面と月が地球のまわりを公転する面が一致していないのです。

月の公転面は地球の公転面に対して 5 度ほどずれています。※図は分かりやすくするためにずれを大きくかいています。

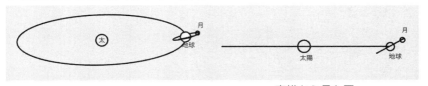

真横から見た図

このため新月や満月のとき、毎回太陽・地球・月が一直線にはならないのです。

「月の公転面が地球の公転面とずれているから」 です。

テーマ3　月から見た地球

月から見た地球の満ち欠けや動きを考えましょう。

▶▶レベル2　満ち欠けの形

月から見た地球の形を考えましょう。

Aの位置にある月から地球を見ると、光が当たっている面がすべて見えるので丸く見えます。Gの位置の月から地球を見ると、右半分が光って見えます。

同様に色々な位置から地球を見ると図のように見えます。

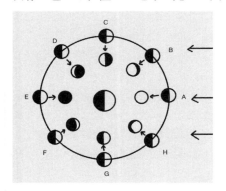

次に地球から見た月を考えて外側にかいてみます。

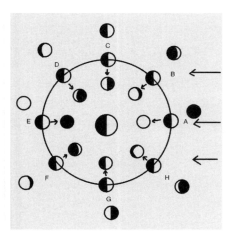

…気づきましたか？ 形が反対になっていますね。

地球から見た月の光っている部分が、月から見た地球の影の部分になっています。

もう少し簡単に表現すると、足して〇！ です。

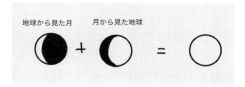

▶▶ レベル3 動き

次に、月から見た地球の動きについて考えます。

月から見ると「地球の出」や「地球の南中」「地球の入り」は見られるのでしょうか？

答えをいってしまうと…見られません。月から地球を見ると、地球は空の一点で動きません。これは「月はいつも地球に同じ面を向けている」からです。

図で考えてみます。A点に立ったとして方位を考えます。

上から見て、月の北極があるとして考えると地球は南に見えます。

そこから月が公転するとA点は図のように動いていきます。このため、**月から地球を見ると、空の一点で動かない**ように見えます。

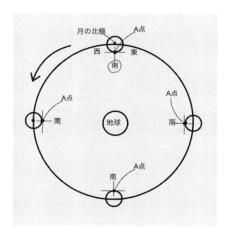

テーマ4	月の高さ

▶▶レベル3 季節によって月の高さが変わる

満月は冬の方が高く見えるのを知っていますか? 上弦の月は春に、下弦の月は
秋に高く見えます。この理由を考えていきましょう。

まず、この図で季節が判断できますね?

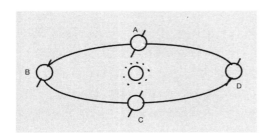

中学受験生にはおなじみの図です。Bが夏です。「地軸が太陽にお辞儀している
のが夏!」と覚えている受験生も多いでしょう。これを使います。

地軸が太陽の方にお辞儀していると、北半球に住んでいる私たちから見て、太陽
は高くなります。逆に太陽に対してふんぞり返っていると(逆の方向に地軸が傾
いていると)太陽は低く見えます。

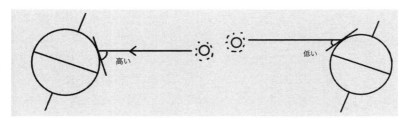

おなじみの図に月をかき加えてみましょう。そしてそれぞれの位置での月の形を
考えると…

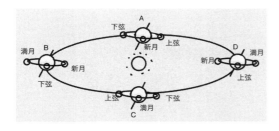

Dの冬では満月の方に地軸が傾いて（お辞儀して）います。このため、冬の満月は高く見えます。

夏（B）では満月と反対方向に地軸が傾いている（ふんぞり返っている）ため満月は低く見えます。

春（A）では上弦の月の方に地軸が傾いているため上弦の月が高く、下弦の月が低く見えます。

まとめると「**地軸がその天体の方に傾いている（お辞儀している）と高く見える**」となります。「その天体」は太陽でも月でも星でも構いません。

3-5 惑星

地球から見る！ がポイント

金星や火星の見え方は現在も定番ですが、今後さらに出題が増えそうな単元です。
まず太陽系の惑星のうち、**内惑星**（地球より内側を公転している惑星）**は夜中に見ることができない**ことを図からしっかり理解しましょう。

　内惑星　　　｜　　　　　外惑星
水星、金星、地球、火星、木星、土星、天王星、海王星

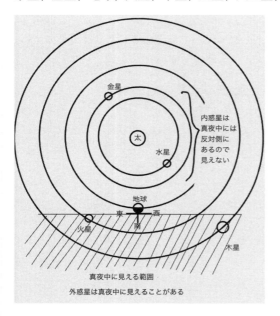

真夜中で方位をかくと図のようになり、斜線が見える範囲になります。
内惑星は反対側にあるので見えませんが、外惑星（地球よりも外側を公転している惑星）は真夜中にも見えることが確認できます。

金星の見え方を考えます。

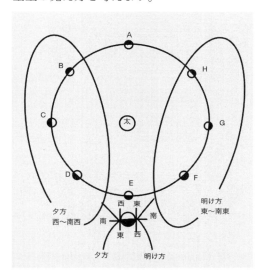

前述のように夜中は見えません。また、昼間は空が明るすぎて見えないため、見えるのは明け方と夕方になります。

F〜Hの位置にあるとき、**明け方に東から南東の空**に見えます。**明けの明星**といいます。

B〜Dの位置にあるとき、**夕方に西から南西の空**に見えます。**よいの明星**といいます。

AやEの位置にあるときは太陽と同じ方向にあるため見えません。(Eは影の部分を地球に向けているので見えない、ともいえます)

次に形を考えます。太陽の光が当たっているところが光って見えます。

ここで半月っぽく見える位置はどこでしょうか？ 間違えやすいところです。CやGと答えたくなるところですが、私たちは地球にいます。

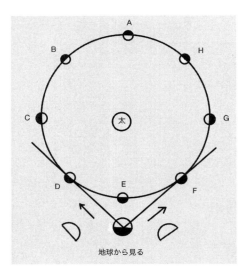

地球から見る

地球から見るのがポイント！ 地球から見るとＤやＦの位置が半分に見えます。

※分かりやすくするために地球を大きくかいていますが、実際の距離に対して地球は点
　くらいの大きさになるため、明け方や夕方のところではなく、地球の中心から見る図
　になっています。

作図の仕方を紹介します。

① 地球（の中心）から金星の中心に向かって線を引きます。

② ①の線に垂直な線を引きます。金星の中心で交わらせるのがポイントです。

③ ②の線から地球側が見える範囲です。

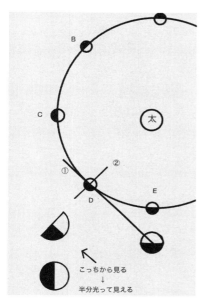

Dよりも地球に近い側では光っている部分があまり見えないため、三日月のような形に見えます。BやCでは光っている部分がたくさん見えるため、半分より丸く見えます。また、地球からの距離が遠いと小さく、近いと大きく見えます。

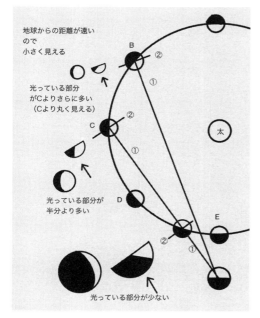

それぞれの位置の金星の形を図に示します。

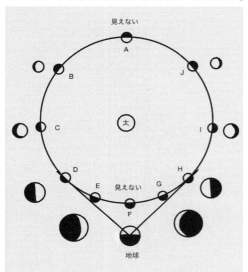

地球（の中心）から金星の軌道に接するように引いた線のところにある金星（D
とH）が半月状に見え、それよりも遠く（B、C、I、J）は丸く、近く（EとG）
は細く見える、と覚えてもよいでしょう。

次に火星の見え方を考えます。図のようになります。

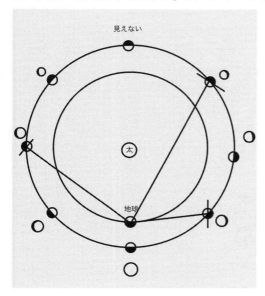

地球から見ると、ほとんど満ち欠けしないことが分かります。

惑星の問題に取り組んでみましょう。

[問題1]

ある日の夕方、金星・火星・木星が並んで見えました。

(1) 見えた方位を4方位で答えなさい。

(2) 金星・火星・木星が図のように見えていたとすると、金星・火星・木星の位置はどのようになっているか、図のア〜エから選びなさい。

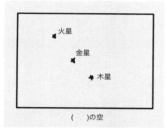

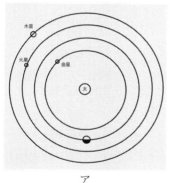

ア

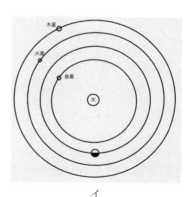

イ

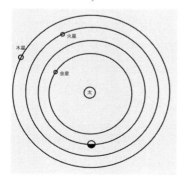

ウ

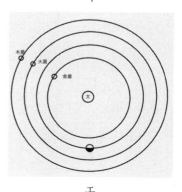

エ

［解説］

(1) は簡単です。夕方金星が見えているので西です。

(2) 問題の図では火星が一番高く、木星がいちばん低くなっています。これをさ
　　がしましょう。

アを見てみます。

夕方の位置で方位を考え図のように線を引きます。すると、金星がいちばん低い
（西の地平線近くに見える）ことが分かります。これではありません。

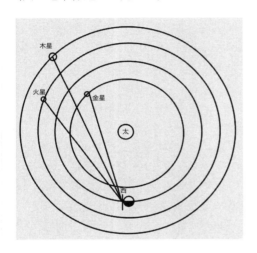

次イ…これです。木星がいちばん低く、火星が一番高くなっています。

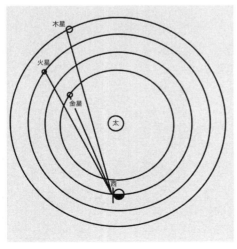

ウは火星がいちばん低く、エは金星がいちばん低くなっているので×です。

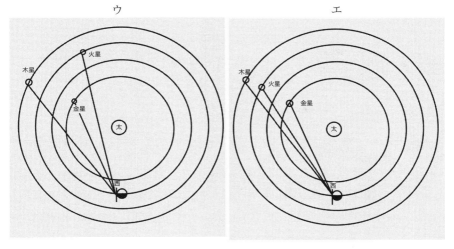

［解答］（1）西 （2）イ

3-6 総合

こんな風に情報がかくれている！

天体の総合問題に取り組んでみましょう！

[問題1] 星・月・太陽　やや難

20XX 年の 6 月ある日、20 時頃に A さんは月食を見ました。1 時間ほど観察していると皆既月食になりました。月は赤暗く見え、近くに「星座あ」が見えるようになりました。

(1) A さんが観察した方位は次のどれですか。ア～エから記号で答えなさい。
　　ア　南東　イ　南西　ウ　北東　エ　北西

(2) 一週間後の同じ時刻に、A さんは月を見ようとしました。どの方位を見ればよいと思いますか。次のア～オから記号で答えなさい。
　　ア　南東　イ　南西　ウ　北東　エ　北西　オ　月は見えない

(3) 「星座あ」として考えられるのは次のうちどれですか。次のア～エから記号で答えなさい。
　　ア　オリオン座　イ　さそり座　ウ　おとめ座　エ　おおぐま座

(4) 2 週間後の同じ時刻に A さんは「星座あ」を見ようとしました。「星座あ」の見えた位置はどのように変化したでしょうか。次のア～エから記号で答えなさい。
　　ア　2 週間前より高い位置に見えた　イ　2 週間前より低い位置に見えた
　　ウ　2 週間前と同じ位置に見えた　　エ　見えなかった

[解説]

(1) こんな情報だけで方位なんて分かるの？　と思ったでしょうか。

　　月食…ということは満月です。そして 20 時から 1 時間観察しています。

　　満月が 20 時～21 時頃どの方向に見えるか、という問題でした。南東ですね。

　　こんな風に判断材料がかくされます。

(2) 満月の1週間後はだいたい下弦の月です。下弦の月は0時頃月の出ですので、20時〜21時にはまだ出ていません。

［別解］

月は毎日同じ時刻に見ると12度東にずれていきます。

7日後なので12×7＝84度　東にずれるはずです。すると…地平線の下になり、やっぱり見えません。

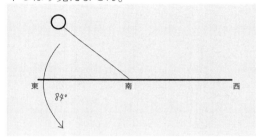

(3) 6月の21時頃に南東に見える星座を考えればOKです。イのさそり座です。オリオン座は冬の星座なので×。おとめ座は春の星座なので6月には西の方に見えるはずです。おおぐま座は北の空の星座なので南東に見えることはありません。

(4) 星は同じ時刻に見ると1か月で30度東から西に動きます。2週間後ですので15度くらい西に行きます。はじめに見たのは南東でしたから、15度くらい進むと南に近づき、高く見えます。

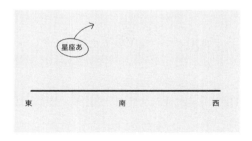

［解答］　(1) ア　(2) オ　(3) イ　(4) ア

[問題 2] 星座早見

X 月 Y 日の 20 時に星を観察するため、星座早見の日時を合わせると、図のようになっていました。

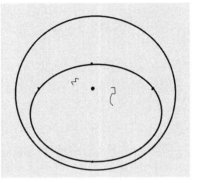

この日の 23 時に北の空を見ると、北斗七星はどのように見えるでしょうか。次のア～エから選びなさい。

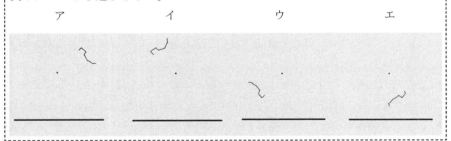

[解説]

日付が分からないため、知識で解くことはできません。情報は星座早見です。星座早見はこの日の 20 時の星の位置を表しています。ここから 3 時間後を考えれば OK！

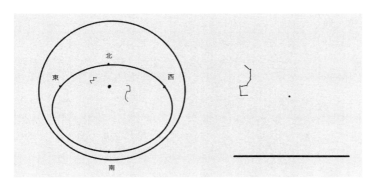

ただここでひとつ注意ポイント！ 星座早見は見たい方角を下にして使います。
楕円の枠は地平線です。北の空を見るには星座早見の図を反対にして見なければ
いけないことに気づいたでしょうか？

20 時の時点で上の右図のようになっているため、23 時にはウになります。

[解答] ウ

[問題3] 月と惑星　難

X月1日にYさんが空を見ると月と金星が近くに見えました。4日後のX月5日の同じ時刻に見ると金星はほぼ同じ位置で輝いていましたが、月は見えませんでした。

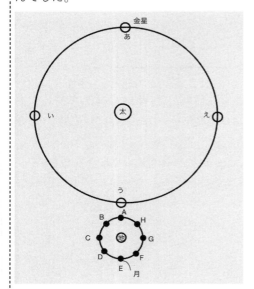

(1) Yさんが空を見た時刻は何時頃ですか。次のア～エから選びなさい。

　　ア 18時　イ 22時　ウ 2時　エ 6時

(2) X月1日にYさんが見た月の位置をA～Hから、金星の位置をあ～えから選びなさい。

[解説]

金星が見えているので時刻は夕方か明け方…18時か6時です。18時なら金星は い、6時なら え です。

ここからどう絞り込むか？ 4日後の同じ時刻に月が見えなかった…ここが判断材料になります。

このときの月の形を考えてみましょう。夕方なら金星は南西の空に見えるはず…すると月はBの位置、三日月です。この月は4日後だいたいCの位置にきます。月が見えてしまいます。

18時   6時

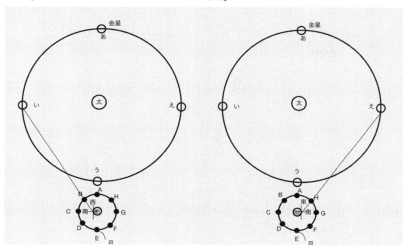

明け方だったとしたら…金星は南東に見えるのでその近くの月はH、二十七日の月です。ここから4日後、月はほぼAの位置→新月になり、月は見えません。こっちでした！

［解答］　⑴　エ　　⑵　H、え

［問題4］星と月　やや難

2月のある日の21時頃、Aさんが空を見ると南の空にはオリオン座が見え、南西の空に月が見えました。

⑴　この日の月の形を傾きも考えてかきなさい。

⑵　この日から4日後の21時頃、空を見るとオリオン座が見えにくくなっていました。その理由を2つ考えなさい。ただし、空は晴れていたものとします。

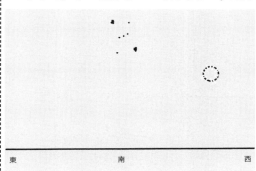

東　　　　　　　南　　　　　　　西

［解説］

(1) 21時に南西なので上弦の月ですね。

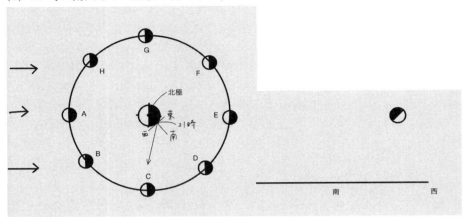

南西にあるので図のように傾いて見えます。

(2) オリオン座が見えにくくなった…なぜでしょう？

月のことが書いてあったのでこれがヒントです。月がどうなったらオリオン座が見えにくくなるか？　月は星座を作る星に比べて明るいので星座の近くにあるとその星座は見えにくくなります。

そうです、近づくのです。21時なので同じ時刻です。「月は同じ時刻に見ると毎日12度東にずれる」これが使えます。

星の方を考えてみると、1日に1度西に動きます。

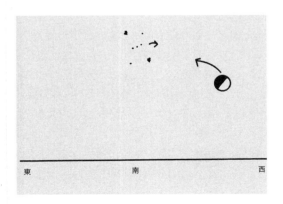

月は4日後の同じ時刻に48度東に、星は4度西に動くので、初日の図から考えるとほぼ重なっていることが分かります。

もう一つは何か？　月といえば満ち欠けです。上弦の月から4日後は月がかなり丸くなっています。そのためまわりの星はより見えにくくなります。

［解答］

(1) 　　(2)　オリオン座と月が近づいたから。月が満ちて明るくなったから。

アプローチとしては他に「4日後の月を考える」というものもあります。月の公転図から考えます。

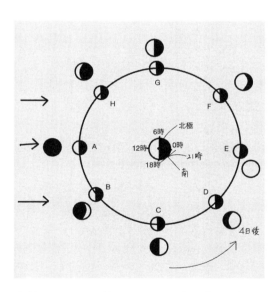

上弦の月の4日後なので、上弦と満月の間の形、そして21時頃南中します。ここから、月が明るくなったことや、オリオン座と近づいたことが分かります。

※満ち欠けの周期は29.5日（約30日）なので1つの間隔は30 ÷ 8 = 3.75日です。

◆著者プロフィール◆

齊藤やよい（さいとう・やよい）

1973 年生まれ、埼玉県ふじみ野市出身。東京理科大学卒。
在学中から塾講師を始める。日能研講師、大手個別指導塾講師を経て現在は個別指導塾自律学習サカセルと家庭教師で活動中。理科専門。
首都圏の有名校で合格者を出していない学校はない。指導歴を通じての合格者数は開成 16 名、桜蔭 21 名、豊島岡 25 名、女子学院 14 名、慶應中等部 13 名など。（集団塾時代を除く）
中堅校向けの指導も得意で、2023 年度の第一志望合格率は 80％。
2020 年「リカの中学受験理科ブログ」を開設。今まで 2,000 人以上に指導してきた指導法を公開、たちまち人気ブログに。

https://ameblo.jp/yayoi806317/

中学受験
書けば解ける！
直感の理科

2023 年 8 月 5 日　　初版第 1 刷発行

著　者　齊藤やよい

編集人　清水智則　　発行所　エール出版社

〒 101-0052　東京都千代田区神田小川町 2-12　信愛ビル 4 F

電話　03(3291)0306　　FAX　03(3291)0310

メール　edit@yell-books.com

＊乱丁・落丁本はおとりかえします。

＊定価はカバーに表示してあります。

ISBN978-4-7539-3552-9